헬라어적 관점과 역사론적 관점과
관용어적 관점으로 본

하존 요한 계시록 2

오흥복 지음

이 책을 선택하신 여러분은 탁월한 선택을 하셨습니다. 왜냐하면,
한국에서 이 세 가지 관점으로 요한 계시록을 쓴 책은
저밖에 없기 때문입니다.

헬라어적 관점과
역사론적 관점과
관용어적 관점으로 본

하존 요한 계시록 2

초판1쇄 2020년 3월 30일

지은이 : 오흥복
펴낸이 : 이규종
펴낸곳 : 엘맨
서울시 마포구 토정로222 한국출판콘텐츠센터 422-3
출판등록 제1998-000033호(1985.10.29)
전화 : (02) 323-4060
팩스 : (02) 323-6416
이메일 : elman1985@hanmail.net
www.elman.kr
ISBN 978-89-5515-673-7 03230

이 책에 대한 무단 전재 및 복제를 금합니다.
잘못된 책은 구입하신 서점에서 바꿔드립니다.

값 12,800 원

계시라는 말에는 헬라어 '아포칼륍시스'와 히브리어 '하존'이라는 말이
있는데 '아포칼륍시스'는 자연계시, 일반계시, 특별계시를 모두 포함한
광역적인 계시를 말하고, 하존이란 한 가지 주제에 포커스(초점)을 맞추고
집중 조명하는 계시인데 저는 종말에 포커스를 맞추었기에
하존 요한 계시록이란 책을 쓰게 된 것입니다.

http://cafe.daum.net/dhbsik
(서울 순복음 은총교회 홈페이지)

위 카페에 들어오시면 퍼즐 레마 성경공부와
서울 순복음 은총 교회와 기도응답 전문학교에서 강의한
강의 내용을 동영상으로 보실 수 있습니다.

목차

서문

제 1 강 - 제4장 / 13
제 2 강 - 제5장 / 43
제 3 강 - 제6장 / 67
제 4 강 - 제7장 / 109
제 5 강 - 제8장 / 143

서문

　지금으로부터 7년 전, 제가 27권의 책을 쓰고, 이제 쓸 책은 다 썼다 생각하고 무료하게 시간을 보내고 있던 차, 어느 지인 목사님의 "요한계시록 세미나에 함께 참석해 보시지 않겠느냐"는 제안에 그 목사님과 하루 3시간짜리 세미나에 참석하게 되었습니다. 그분의 강의를 들으면서 뭔가 90% 부족하다는 생각을 하면 집에 왔는데 그때부터 저의 머릿속에 요한계시록을 저렇게 해석하면 되겠느냐는 안타까움이 기도할 때마다 떠오르곤 했습니다. 그러기를 한 달 그때 주님의 음성이 들려왔습니다. "그러면 네가 한번 요한계시록을 해석해 보면 어떻겠느냐"는 제의였습니다. 그때 저는 주님께 당돌하게 대답했습니다. "알겠습니다. 주님! 제가 해 보겠습니다." 그러자 주님께서 "그러면 어떻게 해석해 보려고 하느냐"라고 하셔서 저만의 특징을 살려 헬라어적 관점과 역사론적 관점으로 한번 해석해 보겠습니다."라고 대답한 후 3개월 만에 요한계시록 세미나를 했습니다.

　이렇게 요한계시록 세미나 강의를 7번 하던 차, 떠오른 생각은 '요한계시록은 관용어로 기록되었구나.' 하는 것이었습니다. 그러므로 관용어를 알지 못하면 아무리 헬라어적 관점과 역사론적인 관점으로 본다고 해도 요한계시록을 제대로 해석한다는 것은 불가능하다는 생각이 들었습니다. 그래서 창세기부터 요한복음에 이르기까지의 관용어를 다 찾아내서 정리해 "관용어로 본 성경"이란 책을 쓰게 되었고, 그때 요한계시록도 관용어로 정리하게 되었습니다. 그래서 본 책의 제목을 '헬라어적 관점과 역사론적 관점과 관용어적 관점으로 본 하존 요한계시록'이라는 제목을 붙이게 된 것입니다.

여기서 헬라어적 관점이란 헬라어 단어를 찾아 그 단어가 어떻게 태동했는지 그 유래를 찾아 정리했는데 계시록 7장까지 그 작업을 했습니다. 계시록 7장 이후에는 대부분의 단어가 반복되기에 더 이상 유래를 찾아 정리할 필요가 없었습니다. 또한 개정성경의 요한계시록 각 장의 구절을 헬라어로 1장부터 22장까지 해석해서 정리 했습니다.

그리고 역사론적 관점은 저의 책 '다가온 종말론'을 참고해 요한 계시록 중간 중간에 역사적인 이야기를 삽입해 기록했습니다. 여러분들도 역사론적 관점으로 요한계시록을 알고 싶으시면 저의 책 '다가온 종말론'을 꼭 읽어보셨으면 합니다. 그런데 여러분들이 요한계시록을 더깊이 연구하기 원한다면 이 '다가온 종말론'이란 저의 책을 반드시 구입해서 읽어보셔야만 합니다. 왜냐하면, 소 계시록인 마태복음 24장, 25장과 다니엘서에 기록된 역사와 주후 70년 예루살렘 멸망 사건을 역사론적인 입장에서 아주 잘 정리해 기록해 놓았기 때문입니다.

또한 관용어적 관점으로 기록했는데 관용어란 히브리어 '마쌀'로 이 말은 잠언을 말하는데 그 뜻은 "속담, 격언, 관용어"란 뜻을 가지고 있습니다. 그런데 이 마쌀에서 비유라는 사복음서의 파라볼레(관용어)가 유래되었는데 이를 관용어라 합니다. 그런데 놀랍게도 요한계시록은 제1장부터 22장까지 이 마쌀(파라볼레)로 모두 연결되어 있습니다. 그러므로 이 관용어를 알지 못하면 관용어라는 비밀코드로 되어 있는 요한계시록을 아예 해석할 수 없게 되어 있는 것입니다. 그래서 저의 책 '하존 요한 계시록'이란 책은 특별히 이 관용어를 자세히 다루고 있습니다. 그러므로 여러분들이 이 책을 보시면 관용어라는 비밀코드로 되어 있는 요한계시록을 잘 이해하게 될 것입니다. 또한 계시라는 말에는 헬라어 '아포칼룁시스'와 히브리어 '하존'이라는 말이 있는데 '아포칼룁시스'는 자연계시, 일반계시, 특별계시, 기타 등등의 계시라 해서 광역적인 계시를 모두 다루는 것을 말하고, 하존이란 한 가지 주제에 포커스(초점)을 맞추고 집중 조명하는 것을 말하는데 저의 책이 '하존 요한계시록'입니다. 즉 이는 종말에만 포커스를 맞추고 요한계시록을 해석했다는 뜻입니다. 이 책을 선택하신 여러분은 탁월한 선택을 하신 것입니다. 왜냐하면, 한국에서 이 세 가지 관점에서 요한계시록을 쓰신 분도 없고, 이 세 가지 관점에서 세미나를 하시는 분은 한 분도 없기 때문입니다. 특별히 관용어적 관점으로 요한계시록을 쓴 사람은 저밖에 없기 때문입니다.

2019년 9월
서울 순복음 은총교회 오흥복 목사 드림

하존 요한 계시록 2

제 1 강

계시록 4 장

l 계 4 장

이일 후에

　계시록 4장 1절을 보면 "이 일 후에 내가 보니 하늘에 열린 문이 있는데 내가 들은 바 처음에 내게 말하던 나팔 소리 같은 그 음성이 이르되 이리로 올라오라 이 후에 마땅히 일어날 일들을 내가 네게 보이리라 하시더라." 하였는데 이 말씀은 계시록 3장 12절에서 요한이 하늘에서 새 예루살렘이 내려오는 것을 보았다고 했는데 그렇게 본 새 하늘과 새 땅인 새 예루살렘을 보았기에 계시록 4, 5장에서는 요한이 본 그 새 예루살렘에 대한 구체적인 내용을 이제 설명하고 있는 것이다. 그런데 그 내려온 성전을 4, 5장에서 보니 천상예배가 드려지고 있었다는 것이다. 그래서 4, 5장은 천상예배에 대하여 기록하고 있는 것이다. 이 새 예루살렘이 내려온다는 말의 구체적인 뜻은 저의 책 계시록 3:12절과 21:2절을 반드시 참고해야 한다.

　그런데 본 절을 보면 '이 일 후에'라는 말이 나오는데 이 말은 헬라어로 '메타 타우타'로 '메타', '~후에' 라는 전치사와 '타우타', '그 같은, 그것, 이것'이라는 지시대명사로 '그 같은 것 후에'라는 뜻이다. 그런데 이 '메타 타우타'라는 말은 앞으로도 계속 '내가 보았다' 혹은 '내가 들었다'와 같은 형태로 자주 나타나는데 이는 문장 또는 환상 전환 관용구인 동시에 또한 이 말은 앞장의 키워드(핵심) 부분을 유턴(뒤돌아)해서 디테일(상세하게)하게 어느 한 부분을 집중 조명하겠다는 뜻이다. 그러므로 이 말이 나오면 반드시 앞의 부분으로 다시 돌아가 어느 부분을 보충 설명하는지 그 부분을 찾아내야 하는 것이다.

본 절에서는 계시록 1장 10절인 "주의 날에 내가 성령에 감동되어 내 뒤에서 나는 나팔 소리와 같은 큰 음성을 들으니"를 다시 구체적으로 설명해 주고 있다. 왜냐하면 '그 음성'에 대한 헬라어 '헤 포네(소리)'에 정관사 '헤'가 있어 이전에 언급된 것임을 시사하기 때문이다. 또한 본 절 후반부에 "내가 들은 바 처음에 내게 말하던 나팔 소리 같은 그 음성이 이르되" 하며 나팔 소리가 같은 그 음성이 다시 말했다고 한다. 그런데 이렇게 나팔 소리 같은 음성으로 말한 부분은 계시록 1장 10절에 말했던 소리이기 때문이다. 그러므로 본 장 4, 5장은 계시록 1장 10절과 연결되는 것이다.

관용어적으로 '이 일 후에'라는 말은 환상이나 문장전환 관용구로 앞장에서 설명한 부분의 핵심부분을 다시 구체적으로 설명한다는 뜻이다.

하늘 문

계시록 4장 1절을 보면 "이 일 후에 내가 보니 하늘에 열린 문이 있는데 내가 들은 바 처음에 내게 말하던 나팔 소리 같은 그 음성이 이르되 이리로 올라오라 이 후에 마땅히 일어날 일들을 내가 네게 보이리라 하시더라." 하며 하늘 문이 열렸다고 하고 있고, 창세기 1장 6절을 보면 "하나님이 이르시되 물 가운데에 궁창이 있어 물과 물로 나뉘라 하시고" 하며 '궁창'이 나오는데 우리는 이를 하늘로 해석하는데 이 궁창이라는 말을 우리 성경에서는 정확하게 해석하지 못하고 있다. 이 말의 원어 상 뜻은 "라키아"라 해서 그 의미는 '두들겨 넓게 펼친 금속판'이란 뜻을 가지고 있는데, 고대 히브리인들의 개념상 '라키아'인 궁창은 단순히 하늘이 아닌 별과 달이 붙어 있고, 하늘 위의 물을 받치고 있으며, 높은 산들에 의해 지탱되고 있는 단단한 하늘의 금속판을 가리킨다.

그래서 본 절에서 "하늘에 열린 문이 있는데" 할 때 이 하늘 문은 우리처럼 영적 하늘 문이 상징적으로 열리는 것으로 생각한 것이 아니라 그들은 진짜 천문대의 문이 열리는 것같이 하늘에 있는 이 금속판(하늘문)이 열려서 이 문을 통해 천사가 오고 가는 것으로 여겼다. 고대 유대인들은 하늘을 10단계로 보았는데 바울시대에 와서는 하늘을 3단계로 보아 첫째 하늘을(1층천) 대기권(새들이 날아다니는 하늘을 말함)으로 생각했고, 둘째 하늘을(2층천) 대기권에서 천국까지로 보았는데(해, 달, 별이 있는 우주 창공을 말하는 것으로 하늘들의 하늘을 말함), 이 천국과 대기권의 경계가 바로 이 금속판으로 되어 있다는 것이다. 그런데 이 2층천인 금속판 위에는 비, 우박, 눈 등을 엄청나게 보관하고 있는 하늘 창고가 있다고 그들은 생각했다.

그리고 셋째 하늘은(3층천) 천국으로(하나님과 천사들이 있는 곳) 보았다. 참고로 말하면 이 하늘 안에 아버지의 집인 천당과 새 하늘과 새땅인 새 예루살렘이 있다. 그렇다면 어떻게 해서 하늘의 수많은 별들과 달과 태양과 지구가 충돌하지 않고 140억 년을 유지할 수 있었느냐는 것이다. 유대인들은 하늘의 모든 별들을 하나님이 이 금속판에 충돌하지 않을 거리를 유지하게 해서 끈으로 묶어 놓았다고 생각했다. 그래서 하늘의 별들이 충돌하지 않고 운행한다고 생각했고, 창세기 1장과 본 절도 이런 개념으로 쓰여 졌다.

한편 본 절에서 '열린 문'에 해당하는 헬라어 '뒤라(문) 에네오그 메네(열다)'는 완료 분사형으로 문이 이미 활짝 열려 있음을 의미한다. 그런데 이 금속판으로 되어 있는 하늘의 문이 2천 년 전에 활짝 열린 이후로 닫혔다는 말이 나오지 않고 있다. 하늘의 문이 닫히지 않고 지금까지 열려 있다는 말은 이젠 주님의 재림이 언제든지 돌발적으로 이루어질 수 있다는 뜻이고 또한 영계의 문이 이미 열려 있기에 언제든지 성령을 받을 수 있다는 뜻이고 또한 언제든지 이 문을 통해 천사가 오갈 수 있고 기도도 상달되고 응답도 받을 수 있는 길이 열렸다는 뜻인 것이다.

관용어적으로 하늘 문이 열렸다는 말은 놋으로 만든 금속판으로 덮여 있던 문이 요한의 때 열린 이후 지금까지 닫혀 있지 않다는 말이다.

이리로 올라오라

계시록 4장 1절을 보면 "이 일 후에 내가 보니 하늘에 열린 문이 있는데 내가 들은 바 처음에 내게 말하던 나팔 소리 같은 그 음성이 이르되 이리로 올라오라 이 후에 마땅히 일어날 일들을 내가 네게 보이리라 하시더라." 하며 '이리로 올라오라'고 하는데 이는 마치 하나님께서 모세에게시내 산으로 올라오라는 명령과 흡사한 것으로(출 19:24) 세대주의자들의 주장처럼 휴거를 말하는 것이 아니라 이는 환상 중에 더욱 분명한 계시를 전달받기 위해 초대되었음을 시사하는 말이다. 다시 말해 입신 상태로 새 하늘과 새 땅에 초대되었다는 말이다.

'이리로 올라오라'는 말이 공중 재림을 말하는 것이 아닌 이유는 "이 후에 마땅히 일어날 일들을 내가 네게 보이리라." 하며 '이 후에 일어날 일'이라 되어 있기 때문이고, 또한 '보이리라'는 말이 '데이뉴오'라는 말로 "상징으로 보이다"라 해서 실제 상황이 아닌 상징적으로 보여 준 것이라 되어 있기 때문이다. 또한 2절에 보면 '내가 곧 성령에 감동되었더니' 하며 헬라어로 '유데오스(곧, 즉시) 에게노멘(되다) 엔 프뉴마티(성령)'라 해서 문자적으로 '즉시 성령 안에 있게 되었다'고 하며 입신 상태에서 몸은 땅에 있으면서 영혼만 하나님이 계시해 주신 하늘의 광경을 보았다라고 되어 있기 때문이다. 다시 말해 이는 요한의 육신이 하늘로 올라간 것이 아니라 환상 중에 요한의 영혼이 이동했다는 말이다.

관용어적으로 이리로 올라오라는 말은 공중 재림에 동참하는 휴거를 말하는 것이 아니라 입신 상태로 영혼만 하늘로 올라간 것을 뜻하는 말이다.

보좌 우편

계시록 4장 2절을 보면 "내가 곧 성령에 감동되었더니 보라 하늘에 보좌를 베풀었고 그 보좌 위에 앉으신 이가 있는데" 하며 하나님은 보좌 위에 앉으신 분이라 하고 있고, 마가복음 16장 19절을 보면 "주 예수께서 말씀을 마치신 후에 하늘로 올려지사 하나님 우편에 앉으시니라." 하며 주님께서 부활 승천하신 후 하나님 우편에 앉으셨다고 하셨고, 사도행전 7장 56절을 보면 "말하되 보라 하늘이 열리고 인자가 하나님 우편에 서신 것을 보노라."하며 스데반은 순교 시 주님이 보좌 우편에 서신 것을 보았다고 하였다. 여기서 보좌란 왕과 통치자와 같은 권위를 가진 자가 앉는 자리를 말하고, 보좌에 앉았다는 말은 왕이 되거나 통치자가 되었다는 말로 명예와 영광과 위엄의 자리에 오른 것을 말한다. 우편(오른쪽)이라는 뜻은 언제나 가장 영화롭고, 영광스럽고, 좋은 자리, 권세와 권능과 복의 자리를 말하는 말이다.

혹자는 예수님이 하나님의 우편 보좌에 앉으셨다는 말을 장소적인 개념보다는 하나님과 동일한 능력과 영광과 위엄과 통치권을 가지시고 이 권한을 행하시길 시작하셨다는 의미로 본다. 또 다른 혹자는 이는 하나님이 가장 사랑하는 자리를 말하는 것이라 하는데, 계시록 22장 3절에서는 장소적 개념으로 나오지만 이는 하나님과 동일한 통치권을 가지셨다는 말로 봐야 한다. 보좌에 대한 부분은 저의 책 계시록 3:21절을 참고하기 바란다.

관용어적으로 보좌는 통치권을 말하는 것으로 계시록에서 보좌가 나옴으로 이는 심판을 상징하는 하나님의 위엄과 권세를 말한다.

하나님은 모양이 있으신가?

계시록 4장 2, 3절을 보면 "내가 곧 성령에 감동되었더니 보라 하늘에 보좌를 베풀었고 그 보좌 위에 앉으신 이가 있는데, 앉으신 이의 모양이 벽옥과 홍보석 같고 또 무지개가 있어 보좌에 둘렸는데 그 모양이 녹보석 같더라." 하며 하늘에 보좌를 베풀었다고 함으로 보좌가 지금 준비된 것 같이 되어 있지만 공동번역에서는 "하늘에 한 옥좌가 있고" 하며 이미 보좌가 있었음을 말해주고 있고, 또한 그 보좌에 앉으신 분이 계시다고 하고 있는데 그 분이 성령님인지 아들 예수님이신지 성부이신지 그 신분을 밝히지 않고 있지만 5절에 하나님의 일곱 영인 성령이 다시 언급된다. 계시록 5장 7절에 예수님이 언급되고 있음으로 본 절에 보좌에 앉으신 분은 성부 하나님을 의미한다. 보좌는 앞에서 말한 것과 같이 통치권을 뜻하는 말인데 계시록에서 보좌가 나옴으로 이는 심판을 상징하는 하나님의 위엄과 권세를 말한다.

3절을 보면 "앉으신 이의 모양이 벽옥과 홍보석 같고 또 무지개가 있어 보좌에 둘렸는데 그 모양이 녹보석 같더라." 하며 '모양이'라는 말이 나오는데 이 말은 헬라어로 '호라세이'로 이는 문자적으로 '보이는 것'이란 뜻이다. 이 말을 계시록 9장 17절에서는 환상으로 번역함으로 본 절에서 모양이란 환상을 말하는 것이다. 하나님은 무 형상, 비 물질이신 영이시기에 모양인 형상이 있어서는 안 되는데 본 절을 보면 모양(형상)이 있는 것 같이 나온다. 이는 하나님이 형상이 있다는 뜻이 아니라 환상으로 보았다는 말이다. 즉 환상으로 보았다는 말은 상징적으로 보았다는 말이다. 그러므로 이렇게 환상으로 보았다는 말은 하나님의 본질적 속성(성품)을 환상 가운데 상징으로 보았다는 말인데 속성이란 하나님은 어떤 성품을 가지셨는지를 묻는 말이다.

이렇게 하나님의 속성을 상징으로 보았는데 그 모양이 벽옥 같다고 했다. '벽옥'은 헬라어로 '리도스 이아스피스'라 해서 '푸른빛이(녹색) 나며 수정같이 맑고 투명한 고운 돌'을 말하는데 다른 성경에는 다이아몬드로 해석하고 있다. 이는 하나님의 거룩하심과 정결하심(맑고 깨끗함)을 나타내는 말로 하나님이 어떤 분이시냐 할 때 하나님은 거룩하시고, 깨끗하신 분이시라는 뜻이다. 또한 홍보석은 헬라어로 '살디노스'라 해서 사데에서 주로 생산되는 진홍빛을 내는 붉은 돌로 홍옥이 라고도 하는데 다른 성경에서는 루비로 번역되고 있다. 이는 하나님의 공의로움(공평)과 심판(진노)을 상징하는 것으로 하나님이 어떤 분이시냐 할 때 하나님은 공의로 심판하시는 분이시라는 뜻이다. 그러므로 '앉으신 이의 모양이 벽옥과 홍보석 같고' 라는 말은 하나님의 본질적 속성을 말하는 것으로 이는 하나님은 거룩하시고 공의로 심판하시는 분이시라는 것을 뜻하는 말이다.

또한 "또 무지개가 있어 보좌에 둘렸는데 그 모양이 녹보석 같더라." 하였는데 이 구절을 현대어 성경에서는 "그리고 에메랄드처럼 빛나는 무지개가 그 보좌를 에워싸고 있었습니다."라고 해석하고 있다. 하나님을 둘러싸고 있는 녹색 광채가 나는 '무지개'는 관용어적으로 약속을 상징하는 말로 이도 역시 하나님의 본질적 속성을 뜻하는 말로 하나님이 어떤 분이시냐 할 때 그분은 약속을 반드시 지키시는 분이시라는 뜻이다. 또한 '모양이 녹보석 같더라.' 하는데 녹보석은 헬라어로 '스마라그디노스'라 해서 '에메랄드로 된, 벽옥의'라는 말로 에메랄드 빛이 나는 벽옥은 하나님의 은혜와 자비를 상징하는 말로 하나님이 어떤 분이시냐는 본질적 속성을 묻는 질문에 하나님은 은혜와 사랑이 풍성하신 분이시라는 뜻이다. 그러므로 '무지개가 있어 보좌에 둘렸는데 그 모양이 녹보석 같더라' 라는 말은 하나님의 본질적 속성을 말하는 것으로 이는 하나님은 은혜와 사랑이 풍성하신 분이시지만 약속은 반드시 지키시는 분이시라는 뜻이다.

관용어적으로 '그 모양이' 할 때 모양은 하나님이 모양이 있으시다는 뜻이 아니라 하나님의 본질적 속성을 뜻하는 말이고, 보석은 하나님의 속성을 구체적(섬세하게)으로 표현하는 물질이다. 예를 들면 중국 사람들이 노란 색을 황제의 속성을 상징하는 색으로 보는 것 같이 보석과 보석의 색은 바로 하나님의 본질적 속성을 상징하는 것이다.

24장로는 누구인가?

계시록 4장 4절을 보면 "또 보좌에 둘려 이십사 보좌들이 있고 그 보좌들 위에 이십사 장로들이 흰 옷을 입고 머리에 금관을 쓰고 앉았더라." 하였는데 이 말을 현대어 성경으로 보면 "보좌의 둘레에 있는 스물 네개의 작은 좌석에는 스물네 장로가 있었는데 모두가 흰옷을 입고 금 면류관을 쓰고 있었습니다." 라고 되어 있다. 그런데 여기서 장로라는 말은 헬라어 '프레스뷔테로스' 라는 말로 '나이 많은' 의 비교급으로 그 뜻은 '더 늙은, 손윗사람, 산헤드린 회원, 연장자, 지도자, 기독교의 장로'라는 뜻을 가지고 있다. 그렇다면 이 24장로는 누구인가? 혹자는 24장로를 하나님과 어린 양을 섬기며 찬양하는 일에 종사하는 영적 존재(천사)로 본다. 그러나 24장로는 사람일 수밖에 없다. 24장로가 사람일 수밖에 없는 이유는

첫째로 계시록 20장 4절을 보면 "또 내가 보좌들을 보니 거기에 앉은 자들이 있어 심판하는 권세를 받았더라." 했는데 이를 공동번역에서는 "나는 또 많은 높은 좌석과 그 위에 앉아 있는 사람들을 보았습니다." 하며 앉은 자들을 사람들로 해석하고 있기 때문이다. 또한 일반적으로 하나님의 보좌를 말할 때는 단수로 말하는데 본 절과 계시록 20장 4절은 복수로 보좌를 말하고 있는데 이는 보좌에 앉은 존재가 하나님 외에 다른 존재라는 뜻이다. 이 다른 존재를 본 절에서는 "이십사 보좌들이 있고 그 보좌들 위에 이십사 장로들이 있다"고 하며 이들이 24장로라 말하고 있기 때문이다. 그러므로 24장로는 사람인 것이다.

둘째로 본 절과 계시록 4장 10절을 보면 "흰 옷을 입고 머리에 금관

을 쓰고 앉았더라." 는 말씀으로 볼 때 24장로는 천사가 아닌 사람임에 확실하다. 왜냐하면 계시록에서 흰 옷을 입고, 금 면류관(스테파누스)을 쓰는 존재는 사람이기 때문이다. 계시록에서 흰옷 입은 존재는 언제나 사람으로 나오고 관용어적으로 흰옷은 천국의 관복이기 때문이고, 또한 금 면류관이 디아데마가 아닌 스테파누스로 되어 있기 때문이다. 즉 스테파누스는 사람이 하나님으로부터 받은 상급을 말할 때 쓰는 단어이기 때문이다.

셋째로 마태복음 19장 28을 보면 "예수께서 이르시되 내가 진실로 너희에게 이르노니 세상이 새롭게 되어 인자가 자기 영광의 보좌에 앉을 때에(주님이 보좌에 앉을 당시 제자들도 같이 앉았음) 나를 따르는 너희도 열 두 보좌에 앉아 이스라엘 열 두 지파를 심판하리라." 하며 예수님은 당신이 보좌에 앉을 때 제자들도 앉게 하리라 약속했기에 24장로 중 12장로는 확실하게 12제자인 사람인 것이다.

넷째로 계시록 4장 12절을 보면 24장로가 "우리 주 하나님이여" 하며 하나님을 찬양하며 '우리 주' 라는 말을 사용하고 있는데 이 칭호는 요한 당시 황제인 '도미티안'에게만 붙였던 절대적인 칭호인데 이 칭호를 지금 하나님께 붙임으로 요한은 우리의 주는 도미티안이 아닌 하나님이심을 고백하고 있는 것이다. 이런 '우리 주' 라는 칭호가 붙음으로 24장로는 이 땅에서 '우리 주'라는 말이 어떻게 사용되었는지 잘 아는 자들이었으며 또한 자신들도 예수님을 믿기 전에 사용했던 용어임을 알고 그 칭호를 하나님께 붙이고 있음으로 24장로는 하늘의 영적 존재인 천사가 아닌 이 땅에 존재했던 사람들이었음을 알 수 있는 것이다.

다섯째로 계시록 21장 12~14절을 보면 "그 도시에는 두꺼운 성벽이 높이 치솟아 있었고 열 두 대문에는 열 두 천사가 지키고 있었습니다. 그리고 그 대문에는 이스라엘 열 두 지파의 이름이 기록되어 있었는데, 그문은 동쪽에 셋, 서쪽에 셋, 남쪽에 셋, 북쪽에 셋이 있었습니다. 또 성벽 열 두 주춧돌에는 어린 양의 열 두 사도의 이름이 새겨져 있었습니다."(현대어 성경) 라고 하며 24장로를 구약 12지파와 신약의 12사도로 말하고 있기 때문이다. 그런데 여기서 바울의 계시록을 보면 12지파를 계시록 21장 12~14절과 같이 야곱의 아들로 말하지 않고 아담, 에녹, 노아 등과 같은 믿음의 조상을 12지파로 말하고 있다. 다시 말해 이스라엘의 조상하면 우리는 야곱의 열 두 아들을 말하지만 바울의 계시록에서 믿음의 조상 하면 야곱의 12아들이 아닌 이스라엘의 믿음의 조상인 노아나 아담 등과 같은 조상을 일컫는다. 그러나 계시록에서 24장로 하면 야곱의 아들들인 12지파를 말함으로 24장로는 구약 12지파와 신약의 12제자를 말한다.

여섯째로 계시록에서 네 생물은 언제나 피조물의 대표로 쓰이고, 24장로는 언제나 성도의 대표로 쓰이기 때문이다. 즉 24장로가 성도의 대표로 계시록에서 나오는 이유는 그가 천사가 아닌 사람이었기 때 문이다.

"금관을 쓰고 앉았더라." 고 했는데 여기서 금관은 디아데마가 아닌 스테파누스로 되어 있다. 디아데마는 본래 왕인 사람이 쓰는 왕관을 말하는 말이고, 스테파누스는 상급으로 받은 왕관을 말하는데 계시록에서 예수님은 본래 왕이시기에 디아데마를 쓰시고 나타나시기도 하고 또한 죽었다가 살아나셔서 승천하셨기에 상급인 스테파누스를 쓰시고 나타나기도 한다. 또한 이 스테파누스를 때로는 마귀가 쓰고 나타나는데 이는 마귀에게 속한 자들에 의해 교주로 추대되어 그들의 상급으로 면류관을 썼기 때문이다. 그런데 천국에서 이런 스테파누스의 면류관을 쓴 존재는 예수님과 성도밖에 없다. 그런데 본 절은 새 하늘과 새 땅이기에 이 흰옷 입은 존재는 성도로서 24장로는 사람인 것이다. 또한 디아데마 왕관을 마귀가 쓰면 이는 자칭 왕이 되는 것이다. 그래서 계시록에서 이 디아데마라는 왕관을 마귀가 쓰고 나타나기도 하는데 이는 자칭 왕이란 뜻이다.

명사 '디아데마'는 '디아데오(둘러매다)'에서 유래했으며, '머리띠, 왕관'을 의미한다. '디아데마'는 엄밀히 말해서 페르시아 왕(크세노폰)의 왕관에 두른 띠를 의미하였고, 알렉산더 대왕과 후대의 왕들도 왕관에 이 띠를 둘렀으며, 이렇게 해서 일반적으로 '왕관'은 왕권의 상징으로 사용되었다. 다시 말해 왕이 머리띠(왕관)를 한 것은 페르시아로부터 시작된 후 알렉산더 이후 모든 왕들이 보편적으로 사용했다는 것이다.

또한 명사 '스테파노스(Homer 이래)'는 '스테포(둘러싸다)'에서 유래했으며, '면류관, 왕관'이란 뜻을 가지고 있는데 이 말은 운동 경기에서 승리한 사람이 쓰는 월계관을 뜻하는 말로 사용되어 '승리, 축제, 예배, 공무나 명예, 왕권이나 왕의 방문'을 의미한 용어로 사용되었다. 이때 머리에 꽃 관이나 왕관이나 월계관을 썼기 때문이다. 그런데 이 '스테파노스'인 면류관은 '기쁨, 슬픔, 탁월'을 표현할 때도 역시 사용되었는데 왜냐하면 슬픔의 표현으로 머리에 어떤 띠와 같은 관을 썼기 때문이다.

관용어적으로 24장로는 구약 12지파의 대표와 신약의 12사도를 말한다(12지파의 대표라는 말이 야곱의 12아들을 말하는 것은 아니다.).

번개와 음성과 우렛소리

계시록 4장 5절을 보면 "보좌로부터 번개와 음성과 우렛소리가 나고 보좌앞에 컨 등불 일곱이 있으니 이는 하나님의 일곱 영이라." 하고 있는데 이를 현대어 성경으로 보면 "보좌에서는 번개가 번쩍이고 천둥소리와 함께 음성들도 들려 왔습니다. 보좌의 정면에는 하나님의 일곱 영을 의미하는 일곱 등이 환하게 켜져 있었습니다." 하며 보좌에서 번개와 천둥 소리와 음성이 들려왔다고 한다. 보좌는 앞에서 말씀드린 것 같이 하나님의 통치권을 말하는 것으로 계시록에서 보좌가 나오면 이는 심판을 의미하는 말이다. 그런데 그 보좌로부터 번개와 천둥소리가 들렸다고 하는데 구약과 신약에서 번개와 천둥소리는 하나님의 음성을 말하는 것이나(요 12:29), 계시록에서 번개와 우렛소리(천둥)는 하나님의 진노의 음성을 말한다.

또한 음성이 나왔다고 하는데 음성은 하나님의 메시지를 전달하는 말인데 보좌에서 나왔기에 이는 하나님의 미션(특명)이 담겨져 있는 메시지를 말한다. 아마 계시록 6장부터 시작되는 메시지가 담겨져 있었을 것이다.

"보좌로부터 번개와 음성과 우렛소리가 나고"는 이처럼 계시록에서 번개와 음성과 우렛소리가 나면 이는 진노의 메시지인 특명에 대한 예고를 말하는 것인데 여기서 지진이 추가되면 이는 예고했던 진노의 특명이 형벌로 진행되고 있다는 것을 말하는 것이다. 그것도 보좌로부터 나오면 이는 진노의 형벌이 하나님으로부터 시작되었다는 뜻이다. 그런데 본 절에서는 지진이 빠짐으로 이는 앞으로 있을 형벌에 대한 예고의 메시지인 것이다.

'보좌 앞에 켠 등불 일곱이 있으니' 하며 '보좌 앞'이 나오는데 이는 보좌 정면이라는 뜻이고 '켠 등불 일곱이 있다'고 하는데 '등불'에 해당하는 헬라어 '람파데스'는 '촛대'를 의미하는 '뤼크니아이(계 1:20, 교회)'와는 달리 '횃불'을 의미한다. 이는 성령의 여러 속성(사역) 중 대표적인 속성인 불을 의미하는 것이다. 그리고 일곱 영은 앞에서 말씀드렸듯이 성령을 의미한다. 그러므로 "보좌 앞에 켠 등불 일곱이 있으니 이는 하나님의 일곱 영이라."는 말은 일곱 영이신 성령이 불로 사역하신다는 말이다.

"보좌로부터 번개와 음성과 우렛소리가 나고 보좌 앞에 켠 등불 일곱이 있으니 이는 하나님의 일곱 영이라."는 말은 관용어적으로 지금 하나님으로부터 말세에 대한 특명이 주어지고 있는데 그 사역의 주체 중 한분이신 성령께서 불로 사역을 하셔서 결국 불로 일곱 대접 재앙(계

16:8,9)이 끝나고 후에 불 지옥에 갈 것을 예고하는 말이다.

네 생물

계시록 4장 6절을 보면 "보좌 앞에 수정과 같은 유리 바다가 있고 보좌 가운데와 보좌 주위에 네 생물이 있는데 앞뒤에 눈들이 가득하더라." 하고 있는데 현대어 성경으로 보면 "보좌 앞에는 맑은 수정이 바다처럼 펼쳐져 있고 보좌의 네 모퉁이에는 앞뒤에 눈이 달린 네 생물이 서 있었습니다."라고 되어 있다. 그러므로 '보좌 앞에 수정과 같은 유리 바다가 있고' 라는 말은 하나님의 보좌 정면에 바다가 있다는 말이 아니라 맑은 수정이 바다처럼 펼쳐져 있다는 말인데 여기서 '수정'이라는 말의 헬라어 '크뤼스탈로'는 '크뤼오스(서리)'에서 파생되어 '얼음'이란 유래를 갖고 있는데 이렇게 '수정'이 얼음이라는 의미를 갖게 된 이유는 얼음이 투명한 결정체인 것 같이 수정도 투명한 결정체이기 때문이다. 그런데 이런 표현들은 출애굽기 24장 10절과 에스겔 1장 22절에도 나온다.

또한 '유리'는 헬라어로 '휘알리네'인데 이는 본래 '빗방울 처럼 투명하다(5194)' 해서 '비'에서 유래가 되었다. 그러므로 '앞에 수정과 같은 유리 바다가 있고' 라는 말은 은유법적 표현이고 보좌 앞에 유리로 된 바다가 있다는 말이 아니라 투명한 유리와 같이 생긴 수정이 마치 바다처럼 펼쳐져 있다는 뜻이다. 본절에서 수정과 유리는 관용어적으로 깨끗하고 거룩하고 고결하신 하나님의 속성을 말하는 말로 성도가 새 하늘과 새 땅에 계신 하나님 앞에 가려면 예수님의 보혈의 피로 깨끗하게 세탁되어야만 갈 수 있음을 말하는 말이다.

'보좌 가운데' 할 때 '가운데'로 번역된 헬라어 '엔 메소'는 '중앙'이란 의미가 아니라 '가까이에'라는 의미로 네 생물이 보좌 가까이 있다는 말이고, '보좌 주위에' 할 때 '주위에'로 번역된 헬라어 '퀴클로'는 '사방' 즉 동서남북을 가리키는 말로 쉽게 말해 하나님이 계신 보좌 네 모퉁이를 말하는 말이다. 그러므로 '보좌 가운데와 보좌 주위에' 라는 말은 보좌 가까운 네 모퉁이에 네 생물이 서 있다는 뜻이다. 즉 하나님을 중심으로 네 생물이 둘러섰다는 말이다.

'네 생물이 있는데' 하며 네 생물이 나오는데 이는 에스겔이 본 그룹 천사들의 형상을 반영한 것으로(겔 1:5~25), 이 생물을 헬라어에서는 '조온', '동물'로 되어 있다. 그런데 킹 제임스는 이 짐승을 '데리온'이라 해서 계시록 13장 1절의 짐승인 적그리스도를 상징하는 '독이 있는 야생동물'로 해석하고 있다. 만약 이 동물이 계시록 13장에서 말하는 짐승이라면 천당에 하나님을 배신한 마귀인 짐승이 그대로 살고 있다는 뜻이 되는 것이다. 그러므로 본 절에 나오는 생물은 독이 있는 짐승인 마귀를 말하는 것이 아니라 동물 형상을 한 천사를 말하는 말이다.

그런데 이 생물에는 '앞뒤에 눈이 가득하더라.' 하며 눈이 많이 있다고 기록되어 있다. 이렇게 눈이 많다는 것은 마치 CC TV가 많이 있다는 말과 같은 것으로 CC TV가 많다는 말은 수많은 정보를 한꺼번에 수집할 수 있다는 말이며, 보는 눈이 많다는 말이다. 그래서 우리의 사생활이 CCTV에 노출되어 감출 수 없게 된 것 같이 네 생물의 날개의 앞 뒤에눈들이 가득하다는 말은 이 천사가 수많은 정보를 수집하고 있다는 말이다. 그리고 이 수집한 정보를 수시로 하나님께 보고한다는 말이다. 그래서 눈들이 가득하다는 말은 곧 하나님의 무한한 직관적 통찰력과 지혜를 말하는 관용어인 것이다.

관용어적으로 "보좌 앞에 수정과 같은 유리 바다가 있고 보좌 가운데와 보좌 주위에 네 생물이 있는데 앞뒤에 눈들이 가득하더라."라는 말은 새 하늘과 새 땅은 주님의 피로 정결한 자만이 들어갈 수 있다는 말이고, 또한 보좌 주위에 네 생물이 있고 눈이 많다는 말은 이 생물 천사들이 수많은 정보를 수집해 하나님께 전달하는 역할을 하고 있다는 뜻이다.

사복음서

계시록 4장 7절을 보면 "그 첫째 생물은 사자 같고 그 둘째 생물은 송아지 같고 그 셋째 생물은 얼굴이 사람 같고 그 넷째 생물은 날아가는 독수리 같은데" 하며 네 생물의 모습이 나오는데 이 천사는 에스겔 1장 10절의 천사를 배경으로 한 천사로 에스겔에 나오는 천사는 한 그룹 안에 사람, 사자, 송아지, 독수리 이 네 얼굴을 가지고 있는데 반해서 본 절의 네 생물 천사는 각각 하나의 얼굴을 하고 있다는 것이 그 차이점이다.

이사야 6장 2절에 나오는 스랍 천사는(세라핌) 이사야 6장 2절에 단한 번 등장 하는 천사로 그 모양이나 생김새나 눈이 있는지는 나오지 않고, 다만 여섯 날개만 있는 것으로 등장한다. 그에 반해 에스겔 1장과 10장에 나오는 네 생물 천사인 그룹 천사는 날개 수만 빼면 본 절의 천사와 모든 면이 일치한다. 본 절은 날개 수가 여섯 개로 나오지만 에스겔에서는 날개 수가 네 개로 나온다. 그러나 이는 에스겔이 날개 밑에 사람 손 같은 것이라 한 것을 요한은 날개로 표현했기에 날개 수가 차이 나는 것 같이 보이지만 손을 날개로 보면 사실은 날개 수가 똑같이 여섯 개인 것이다.

현대어 성경에서는 이 에스겔 10장 20절의 그룹 천사(헬라어로 케루빔;지식의 천사 무리)를 "힘센 천사"라 말함으로 계시록에 나오는 힘센 천사는 그룹 천사가 아니면 미가엘 천사가 확실하다. 그러나 계시록에서 생물 천사가 나타날 때는 언제나 생물로 나타났지 힘센 천사로 나타난 적이 없다. 그러므로 힘센 천사는 생물 천사가 아닌 미가엘 천사임에 틀림 없다. 생물 천사의 구체적인 모습은 에스겔 1장 6~11절과 에스겔 20장 21,22절에 잘 나타나 있지만 앞에서 말한 것 같이 에스겔서에서는 한 천사마다 4면의 얼굴을 가지고 있는 것과, 이 생물 천사가 땅에서 큰 바퀴를(빠름을 상징) 가지고 있는 것과, 그 바퀴마다 눈들이 많이 있는 것만 본 절과 다르다. 그런데 이렇게 생물 천사가 바퀴와 날개를 가진 이유는 바퀴는 땅에서 활동할 때 타고 다니는 도구이고, 날개는 하늘을 날 때 필요한 도구이기에 바퀴와 날개가 있는 것이다.

그렇다면 네 생물의 모습은 무엇을 상징하는가? 혹자는 네 생물의 신

분이 하나님의 속성을 암시하는 것으로 사자는 '왕권'(왕상 7:29;10:20; 대하 9:18,19)을, 송아지는 '힘'과 '희생'(왕상 7:25)을, 사람은 '지혜와 영성'(창 1:27)을, 독수리는 '신속한 행동인 빠름'을 나타낸다고 주장하나 사실은 첫째 생물인 사자는 백수의 왕이므로 유대인의 왕이신 예수님을 말하고(색으로 하면 자색으로 자색은 왕이 입는 옷으로 왕권을 상징), 둘째 생물인 송아지는 온순하고 순종하는 동물로 종 되신 예수님을 말하고(색으로 하면 홍색으로 희생의 복음을 상징), 셋째 생물인 사람은 하나님의 형상으로 하나님이 인애하시고 긍휼히 여기시는 것 같이 인애와 긍휼이 있기에 인애하시며 긍휼히 여기시는 예수님을 말하고(색으로 하면 흰색으로 섬기려 오신 예수님을 상징), 넷째 생물인 독수리는 가장 높이 나는 새인 동시에 하늘의 왕이기에 예수님은 새 하늘과 새 땅의 왕 되신(진리의 왕) 예수님을 말한다(색으로 하면 청색으로 청색은 하늘의 색으로 진리의 왕이신 예수님을 상징).

이렇게 네 생물이 예수님의 속성(성품)을 상징하는 천사이기에 이는 예수님이 이 땅에 오셔서 어떤 사역을 하실지 설명해 주는 것이다. 그래서 예수님이 오셔서 무슨 일을 하셨느냐 할 때 우리는 예수님은 이 땅에(유대인) 왕으로 오셔서 왕의 사역을 하셨다고 하고, 종으로 오셔서 죽음으로 우리를 섬기시는 종의 사역을 하셨다고 하고, 인자로 오셔서 우리를 긍휼히 여기셔서 질병을 치료하시고 문제를 해결해 주셨다고 하고, 하늘의 왕으로(진리의 왕) 오셔서 우리에게 왕의 진리를 가르쳐 주셨다고 하는 것이다. 그래서 이 예수님의 속성을 반영해서 4복음서의 순서를 정할 때 유대인의 왕으로 오신 예수님은 복음서의 첫 단락의 마태 복음을 두었고, 그 다음으로 종으로 오신 예수님은 마가복음을, 그 다음에 인자로 오신 예수님은 누가복음, 그 다음에 하늘의 왕이신(진리의 왕) 독수리로 오신 예수님은 요한복음에 배치했다고 한다.

관용어적으로 네 생물은 예수님의 속성을 상징하는 천사이며 동시에 예수님이 오셔서 하실 사역을 말씀하는 천사이며 사복음서의 배열을 말한다.

여섯 날개와 많은 눈이 있는 이유

계시록 4장 8절을 보면 "네 생물은 각각 여섯 날개를 가졌고 그 안과 주위에는 눈들이 가득하더라 그들이 밤낮 쉬지 않고 이르기를 거룩하다 거룩하다 거룩하다 주 하나님 곧 전능하신 이여 전에도 계셨고 이제도 계시고 장차 오실 이시라 하고" 하며 네 생물이 각각 여섯 날개를 가졌다고 하는데, 계시록에서 '날개'는 속도를 상징하는 관용어로 이는 마치 말 한 마리가 마차를 끄는 1마력보다 말 6마리가 마차를 끄는 6마력이 더 빠른 것 같이, 두 날개로 나는 천사보다 여섯 날개로 나는 천사가 더 빠른 것을 말하는 말이다. 그래서 천사의 날개 수는 곧 속도를 상징하는 것이다.

그런데 본 절에서 네 생물 천사가 속도와 빠름을 나타내는 여섯 날개를 가졌다고 하는 것은 그 만큼 할 일이 많다는 것을 상징하는 것이다. 다시 말해 속도를 요구할 정도로 할 일이 많기에 이 생물천사가 여섯 날개를 가졌다는 말이다. 그래서 계시록에서 이 생물천사는 천사들 중 가장 바쁜 천사로 많은 사역들을 감당한다. 또한 날개 안팎에 많은 눈들이 있다고 했는데 이는 앞에서 말한 것과 같이 눈은 정보와 통찰력을 말한다. 그러므로 이 생물천사가 많은 날개와 많은 눈을 가졌다는 말은 곧 할 사역들이 많고, 많은 정보를 수집해 하나님께 보고해야 할 일들이 많다는 뜻이다.

계시록에서 이 생물천사가 하는 일들을 살펴보면 첫째로 4복음서의 복음을 전하고 있고(계4:7), 둘째로 기도응답을 하나님께 상달하고 있고(계5:8), 셋째로 인 재앙과 대접재앙에 관여하고 있고(계6:1, 15:7), 넷째로 계7장을 보면 인치는 작업을 하고 있고, 다섯째로 하나님을 찬양하고 경배하는 일도 하고 있다(계4:8절 이하). 이처럼 이 생물천사들이 하는 사역들이 많기에 여섯 날개와 눈이 많이 있는 것이다.

관용어적으로 네 생물천사가 여섯 날개와 많은 눈이 있다는 것은 곧 많은 사역을 감당하기 위해 속도가 필요하다는 뜻이다.

구약에서 삼위일체를 부르는 말과 전능하신 주님

계시록 4장 8절을 보면 "네 생물은 각각 여섯 날개를 가졌고 그 안과 주위에는 눈들이 가득하더라 그들이 밤낮 쉬지 않고 이르기를 거룩하다 거룩하다 거룩하다 주 하나님 곧 전능하신 이여 전에도 계셨고 이제도 계시고 장차 오실 이시라 하고" 천상예배에서 네 생물 천사가 하나님을 찬양하되 '밤낮 쉬지 않고' 찬양하고 있다고 하는데 이는 네 생물 천사의 존재 목적이 하나님을 찬미하기 위해 존재한다는 말로 오늘 우리 성도들도 이렇게 하나님을 찬양하는 삶을 살아야 한다.

또한 이 네 천사가 거룩하다하며 세 번 찬양을 하고 있는데 이는 또한 사6:3절을 보면 "서로 불러 이르되 거룩하다 거룩하다 거룩하다 만군의 여호와여 그의 영광이 온 땅에 충만하도다 하더라"하며 여기서도 거룩하다를 세 번 반복하며 찬양하고 있다. 그런데 이렇게 거룩하다라는 말을 세 번 반복해서 언급하는 것은 관용어적 어법으로 히브리식에서 최상급으로 거룩함을 표현하는 방식이며 또한 유대교와 초대 교회에서는 하나님이 삼위일체임을 강조하며 그를 경외한다는 뜻으로 예배 의식에서 불렀던 표현이다.

또한 '주 하나님 곧 전능하신 이여'하고 있는데 여기서 '전능하신'이란 말은 헬라어로 '판토크라톨'이라는 이 말은 '파스(온)' + '크라토스(세력,통치.권능.힘)'이라는 말의 합성어에서 유래가 되어 "만물의 지배자, 주권자.전능자,무소부재"라는 뜻을 가지고 있는데 이 단어는 고대와 70인역과 신약성경에서 종종 신에 대한 명칭으로 사용되었다. 그런가 하면 '판토뒤나모스'는 '모든 능력을 가지신 이'라는 뜻의 전지전능의 개념으로 사용되고 있다. 판토뒤나모스가 능력의 개념이라면 판토크라톨은 통치의 개념이다.

또한 '주 하나님 곧 전능하신 이여 전에도 계셨고 이제도 계시고 장차 오실 이시라 하고'있는데 그런데 이 말은 지금 네 생물이 하나님 아버지를 찬양하는 말이 아니라 주 예수님을 찬양하는 말이다. 왜냐하면 앞에서 말씀 드린 것 같이 '장차'라는 말이 나오면 무조건 예수님을 의미하는 말이기 때문이다. 그러므로 네 생물천사는 지금 예수님을 찬양하되 예수님을'하나님과 전능자'로 찬양하고 있다.

관용어적으로 예수님을 거룩하다하며 세 번 반복해서 찬양하는데 이는 히브리인들이 삼위일체를 부르는 표현이며 또한 예수님은 삼위일체중 한분으로 전능하신 하나님이시라는 뜻이다.

네 생물이 하나님의 영원하신 속성을 찬양함

계시록 4장 9절을 보면 "그 생물들이 보좌에 앉으사 세세토록 살아 계시는 이에게 영광과 존귀와 감사를 돌릴 때에" 하며 네 생물천사의 찬양이 나오는데 8절이 예수님을 찬양하는 찬양이었다면 본 절부터 11절까지는 하나님 아버지를 찬양하는 내용이다.

'세세토록 살아 계시는 이에게 영광과 존귀와 감사를 돌릴 때에'하고 있는데 여기서 세세토록 살아 계신이라는 말은 하나님의 속성 중 영원성을 말하는 말로 영원성이란 시간과 관계된 말로 시간을 초월해서서 영원히 살아계심을 말하는 말이다.

또한 영광은 하나님의 속성중 유복성이 겉으로 드러난 것을 말하는데 하나님의 유복성이란 하나님 스스로 행복하다는 말인데 이 하나님의 행복이 겉으로 드러난 것을 영광이라 한다. 그런데 본 절에서는 네 천사가 하나님께 영광을 돌리고 있음으로 이는 네 천사가 자신들의 유복성(행복)을 하나님께 돌리며 찬양하고 있는 것이다. 이 영광에 대한 자세한 부분은 저의 책 계1:6을 반드시 참고해 주길 바란다.

또한 '존귀'라는 말은 헬라어로 '티멘(τιμήν)'인데 이는 '존귀한 자리, 혹은 '존경할 만한 직위'를 가리키는 '티메'(τιμή 위엄, 존귀, 값, 존경)의 목적격 단수 명사이다. 본래 '티메'는 사람의 직위나 부요 또는 인격 등과 같은 위엄이나 특권을 가리킨 단어로서 당시 사회에서 일반사람들에 비해 탁월한 위치와 누림을 평가하는 말이었다. 때문에 이러한 단어가 일반 시민들에게는 잘 사용되지 않았고 특히 노예들에게는 사용될 수 없는 단어였다. 그러므로 이러한 단어를 사용하는 것은 그 분이 영광스럽고 영예스러움을 말하는 것인데 계시록에서 네 천사가 하나님께 이런 용어를 사용했다는 것은 하나님은 만주의 주시며 만왕의 왕이란 뜻으로 하나님의 왕 되심을 찬양하는 것이다.

또한 '감사'라는 말의 헬라어 '유카리스티아'는 '유(좋은 2095 또는 기쁜)' + '카이로(5463 행복하다. 축하하다)에서 유래가 되어 '매우 은혜를 입음, 감사 하는, 감사하는 마음의'를 뜻하는 말로 말 그대로 이는 매우 은혜를 입은 것에 대하여 감사하는 표현인데 네 생물천사는 지금 이렇게 하나님께 은혜 받은것에 대하여 감사해서 감사를 드리고 있는 것이다.

한편 '돌릴 때에'에 해당하는 헬라어 '호탄(까지, 동안) 도수신(디도미=주다)'은 연속적인 반복의 개념보다는 '그들이 돌릴 때마다'라는 간헐적인 때를 의미한다. 다시 말해 이런 영광과 존귀와 감사 찬양을 쉬지 않고 드리는 것이 아니라 그들이 찬양할 때 마다 간헐적으로 영광과 존귀와 감사찬양을 했다는 말이다. 왜냐하면 그 생물천사가 하는 일들이 너무 많아 다른 사역들이 있기에 사역을 감당하고 나서 다시 찬양을 하기에 간헐적으로 찬양했던 것이다. 이렇게 네 생물천사가 예수님께 거룩하다 거룩하다 하며 찬양하고 또 하나님께 찬양하기에 간헐적이라는 표현을 쓴 것이다. 그러나 분명한 것은 이 네 생물천사의 주요 임무는 그래도 하나님을 경배하고 찬양하는 것이라는 것이다.

관용어적으로 '그 생물들이 보좌에 앉으사 세세토록 살아 계시는 이에게 영광과 존귀와 감사를 돌릴 때에'라는 말은 네 생물천사가 찬양 할 때마다 드리는 찬양의 관용어법적 표현으로 이는 하나님의 영원하신 속성인 세세토록 살아 계신 하나님을 찬양하는 말이다. 또한 네 생물천사의 임무가 찬양이라는 것을 알 수 있다.

24장로들이 면류관을 드리며 찬양함

계4:10절을 보면 "이십사 장로들이 보좌에 앉으신 이 앞에 엎드려 세세토록 살아 계시는 이에게 경배하고 자기의 관을 보좌 앞에 드리며 이르되"하며 본 절을 보면 네 생물천사들이 보좌에 계신 하나님 아버지를 찬양할 때 24장로들도 생물천사들과 함께 지금 찬양하고 있다는 말이다. 그런데 24장로들이 찬양할 때 보좌에 계신 하나님 아버지께 엎드려 절하며 경배하며 찬양하고 있다고 하는데 그런데 이렇게 다른 사람에게 절하는 것은 당시 그 사람에 대한 최대의 복종과 존경심을 표현하는 행동이었다고 하는데 24장로가 지금 그렇게 하나님 아버지를 찬양하고 있는 것이다. 이는 24장로가 하나님께 절대복종하며 최고의 존경의 표현을 하고 있는 것이다.

'자기의 면류관을 보좌 앞에 던지며 가로되'하며 본문을 보면 24장로가 자기 면류관을 하나님 아버지 앞에 드리며 엎드려 절하고 있다고 나온다. 그런데 이렇게 면류관을 드리는 행위는 실제로 고대에서 한 나라의 왕이 다른 나라의 왕에게 굴복 당했을 때 완전한 항복과 복종의 표시로써 자신의 왕관을 벗어 승자의 발 앞에 던지었다고 한다. 그러므로 24장로가 지금 엎드려 절하며 면류관을 하나님 아버지 앞에 드리는 것은 하나님의 절대적 권위와 위엄 앞에 절대 복종할 것을 의미하는 것이며 동시에 승리의 면류관을 드림으로 자신들의 모든 영광과 승리도 하나님께 돌리는 행위인 것이다. 왜냐하면 면류관은 상급의 면류관인 스데파노스이기 때문이다. 즉 24장로들이 이 땅 에서 순교함으로 받은 상급이 면류관인데 그것을 드리며 경배했다는 것은 자신들의 모든 영광과 영예까지도 하나님께 드리며 경배했다는 말이다.

관용어적으로 엎드려 경배하는 것은 하나님께 절대 복종과 최대의 존경을 표하는 것이며 또한 자신들이 가진 승리의 면류관인 영예와 영광까지 드리며 하나님을 경배하고 사랑한다는 말이다.

24장로가 천지를 창조하신 하나님을 찬양함

계시록 4장 11절을 보면 "우리 주 하나님이여 영광과 존귀와 권능을 받으시는 것이 합당하오니 주께서 만물을 지으신지라 만물이 주의 뜻대로 있었고 또 지으심을 받았나이다 하더라." 하고 있는데 10,11절은 24장로가 하나님 아버지를 찬양하는 내용이다. 그런데 24장로가 하나님을 찬양하며 '우리 주 하나님이여' 하고 있는데 '우리 주'라는 칭호는 요한 당시 황제인 '도미티안'에게만 붙였던 절대적인 칭호였다. 이 칭호를 지금 하나님께 붙임으로 요한은 우리의 주는 도미티안이 아닌 하나님이심을 고백하고 있는 것이다. 이런 '우리 주'라는 칭호가 붙음으로 24장로는 이 땅에서 '우리 주'라는 말이 어떻게 사용되었는지 잘 아는 자들이었으며 또한 자신들도 예수님을 믿기 전에 사용했던 용어임을 알고 그 칭호를 하나님께 붙이고 있음으로 24장로는 하늘의 영적 존재인 천사가 아닌 이 땅에 존재했던 사람들이었음을 알 수 있는 것이다. 본장 4절을 참고하라.

또한 24장로의 찬양 내용을 보면 '주께서 만물을 지으신지라' 하고 있는데 이는 '하나님이 영광과 존귀와 권능을 받으시기에 합당한' 이유에 대한 설명으로 그것은 천지를 창조했기 때문에 영광과 존귀와 권능을 받기에 합당하다는 것이다. 그래서 '합당하오니' 다음에 헬라어 본문에는 원인이나 이유를 나타내는 접속사 '호티(때문에)'가 있어 본문이 하나님께서 왜 영광과 존귀와 능력을 받으시기에 합당하신 지의 이유를 설명해 주고 있다.

여기서 '지으신지라'에 해당하는 헬라어 '에크티사스(크티조=창조)'는 히브리어 '바라(창조하다)'에 해당하는 동사로(창 1:1) 무(無)에서 유(有)로의 창조를 나타낸다. 이는 본문이 하나님의 천지 창조에 대한 이십사 장로의 찬양임을 나타내는 것이다(골 1:16). 이처럼 창조는 하나님의 모든 역사 가운데서 가장 기본적인 것이며 모든 피조물들의 감사의 기초가 된다.

"만물이 주의 뜻대로 있었고 또 지으심을 받았나이다 하더라." 할때 '주의 뜻대로 있었고'에 해당하는 헬라어 '디아(안에) 토 델레마(의지) 수 에산(에이시=동의하다)'은 문자적으로 '당신의 뜻을 위해 있었고'라는 의미로 이는 창조 목적을 설명해 주는 말이다. 즉, 모든 만물이 하나님의 뜻을 위하여 창조되었음을 말하는 말이다. 여기서 '있었고'의 헬라어 '에산'은 미완료 시제로 만물의 창조 방법을 말하는 것으로 만물의 현상이 하나님께 그 존재 기반을 두고 있음을 말한다. 한편 '지으심을 받았나이다'에 해당하는 헬라어 '에크티스데산(크티조=창조)'은 부정 과거 시상으로 만물의 존재가 하나님에게서 시작하고 있음을 말한다. 따라서 본 절은 '하나님의 뜻을 위해 만물이 존재하고 창조되었음'을 나타내는 이십사 장로의 찬양이다(고전 8:6;골 1:16).

관용어적으로 "만물이 주의 뜻대로 있었고, 또 지으심을 받았나이다"라는 말은 하나님이 원하시는 대로 천지가 창조되었다는 말이다.

하존 요한 계시록 2

제 2 강

계시록 5 장

l계 5장

일곱인으로 인봉

　계시록 5장 1절을 보면 "내가 보매 보좌에 앉으신 이의 오른손에 두루마리가 있으니 안팎으로 썼고 일곱 인으로 봉하였더라." 하고 있는데 여기서 "내가 보매"라는 말은 계시록에 자주 등장하는 문구로 이는 환상(내용) 전환 관용구로 새로운 내용이나 환상이 전개될 때 요한이 자주 쓰는 표현이다. 보좌에 앉으신 이는 하나님 아버지를 가리키는데 역시 관용구로 계시록에 자주 나온다. 그런데 계시록 4, 5장은 요한이 입신에 들어가 천상을 보고 기록한 내용인데 계시록 4장이 천상에서 일상적으로 이루어지는 생활을 기록한 것이라면(천상 예배) 계시록 5장은 천상에서 앞으로 일어날 종말을 준비하는 내용이 기록되어 있다.

　또한 '오른손에'라는 말은 헬라어 '에피(위에) 텐 데시안(오른손)'으로 이는 문자적으로 '오른손 위에' 라는 말인데 '오른쪽'은 이스라엘에서는 항상 '좋은 것'을 상징하는 말이고 '손'은 '힘과권능'을 말한다. 그런데 그 오른손이 "하나님의 오른손"이라면 이는 그냥 사람의 힘을 말하는 것이 아니라 "전능하신 손"을 말하는 것이다. 그런데 그것도 항상 좋은 것을 상징하는 오른쪽이라 함으로 이는 하나님과 믿는 자들에게는 좋은 일이 일어나게 하는 하나님의 전능하신 손이라는 뜻이다. 그러므로 앞으로 진행될 계시록 6장의 사건은 믿는 자들과 하나님께는 좋은 사건들이 될 것이라는 것을 암시하고 있는 것이다.

그런데 그 오른손 위에 안팎으로 기록된 두루마리 책이 있다고 한다. 이렇게 손 위에 두루마리 책이 있다는 것은 곧 두루마리 책 내용이 공개될 것을 암시하는 말이다. 그런데 만약 이 두루마리 책을 손안에 움켜 쥐고 있다면 이는 아직도 종말의 때가 되지 않았다는 뜻인데 손 바닥 위에 책이 있다는 것은 곧 그 내용이 공개될 것을 암시하는 말이다.

'두루마리'는 명사 '비블리온'으로 '파피루스 식물의 내부, 껍질, 종이'이라는 뜻의 '비빌로스(976)'에서 유래 된 것으로 파피루스 종이 위에 '책, 문서, 공문서'를 쓴 것을 말한다. 또한 '안팎으로 썼고' 라는 말의 헬라어는 '게그람메논(그랍호=기록하다) 에소덴(안) 카이 오피스덴(뒤)'라는 말로 이는 문자적으로 '안쪽과 뒷면에 썼다'는 말이다.

또한 '일곱 인으로 봉하였더라' 하고 있는데 한편 BC 5세기말경, 이집트의 엘레판틴 섬(당시 이집트에 100만 명 이상의 유대인들이 디아스포라로 있었다)에 있었던 유대인 공동체의 경우에 계약서는 파피루스에 기록하고, 여러 번 접었으며 그리고 묶어져서 옹기 항아리에 인봉되어 보관하였다. 당시 귀중한 문서를 보관할 때는 이렇게 보관했다고한다. 이렇게 옹기 항아리에 넣어 문서를 보관했기에 유대인 공동체와쿰란 동굴에서 발견된 두루마리 성경들이 모두 항아리 안에 담겨져 몇천 년이 흘러도 안전하게 보관될 수 있었던 것이다. 이렇게 귀중한 문서를 옹기 항아리에 보관하였기에 지금까지도 원본과 사본들이 안전하게 우리 시대까지 전달될 수 있었던 것인데 이는 하나님의 큰 배려로 우리에게 하나님의 말씀을 그대로 전달하시기 위한 수단이었던 것이다.

그런데 본 절에서 일곱 인으로 봉한 것은 고대 로마법의 유언 인봉 풍습으로 고대 로마에서 유언장은 일곱 명의 증인들이 각각 실로 묶고 그 매듭에 도장을 찍어 아무나 볼 수 없게 보관했는데 지금 본절은 종말의 내용이 담겨져 있는 그 책을 고대 로마 문서 보관법으로 설명하고 있는 것이다. 그런데 여기서 '봉하였더라'라는 말은 헬라어 '카테스프라기스메논' 라는 말로 이는 '카타습흐라기조(단단히 인봉하다)'라는 말에서 유래가 되었다. 그런데 카타습흐라기조는 전치사 '카타(아래)'+'스프라기조(보존하다, 인치다)'라는 합성어에서 유래가 된 말로 '카테스프라기스메논'은 '위 아래로 봉하였다'는 뜻이다.

'일곱 인으로 봉하였더라' 하며 이 두루마리 책이 '일곱 인'으로 봉해졌다고 하고 있다. 그런데 앞에서 일곱이라는 숫자의 관용어를 말씀드렸듯이 이는 완전수를 말하는 것으로 이렇게 하나님이 7인으로 봉했다는 말은 그 누구도 종말에 대한 '커닝(부정행위)'이 불가능 하게 완전하게 봉했다는 말이다. 그래서 주님은 마태복음 24장 36절을 보면 "그러나 그 날과 그 때는 아무도 모르나니 하늘의 천사들도, 아들도 모르고 오직 아버지만 아시느니라." 하고 말씀하고 계신 것이다.

관용어적으로 "내가 보매 보좌에 앉으신 이의 오른손에 두루마리가 있으니 안팎으로 썼고 일곱 인으로 봉하였더라." 라는 말은 종말에 대한 내용을 그 누구도 볼 수 없게 완전히 봉했다는 말이다.

누가 두루마리를 펼자가 있느냐

계시록 5장 2절을 보면 "또 보매 힘 있는 천사가 큰 음성으로 외치기를 누가 그 두루마리를 펴며 그 인을 떼기에 합당하냐 하나." 여기서 힘 있는 천사는 생물 천사가 아니라 미가엘 천사장이라 볼 수 있다. 왜냐하면 만약 이 천사가 생물 천사라면 굳이 8절에 생물 천사가 다시 등장할 필요가 없기 때문이다. 한편 책을 펴기 위해서는 먼저 인을 떼는 일을 먼저 해야 하는데 본 절은 펴는 것이 인을 떼는 일보다 먼저 나온다. 그러므로 바람직한 해석은 "누가 인을 떼며(풀다) 그 책을 펴기에(열다) 합당하냐"로 번역하는 것이 순서상 옳다.

그런데 여기서 '인을 떼다.'는 말은 헬라어 '뤼오'로 이는 '풀어주다, 풀다'라는 뜻으로 7가닥의 실로 묶여 있는 끈을 푸는 것을 말하고, '펴며'라는 말은 헬라어 '아노이고'로 이는 '열다'라는 뜻으로 책 내용을 열람하는 것을 말한다. 그러므로 이 말을 통해 본 장 5장은 하나님께 예수님이 두루마리 책을 받으신 후 끈을 푸는 장면이 기록된 장이라는 것을 알 수 있다. 비록 끈을 푸는 장면이 나오지 않지만 6장의 내용을 관람하는 장이기에 본 장 5장은 끈을 푸는 장이라 할수 있는 것이다.

한편 본문의 '합당하냐'에 해당하는 헬라어 '악시오스'는 봉인된 책을 열 수 있는 의로운 자격을 가진 자가 누구인가를 묻는 수사학적 질문이다. 그런데 이 악시오스 앞에 '티스(누구)'라는 의문대명사가 붙음으로 이는 감히 누가 두루마리 책을 받아 그 끈을 풀고 열람할 자가 있겠느냐는 강한 의문을 제기하는 말이다. 이는 이 땅 그 누구도 없다는 강한 부정을 전제하는 말인 것이다.

관용어적으로 "또 보매 힘 있는 천사가 큰 음성으로 외치기를 누가 그 두루마리를 펴며 그 인을 떼기에 합당하냐 하나" 라는 말씀은 이 땅에서 두루마리 책을 받아 끈을 풀고 열람할 자가 아무도 없다는 말이다.

피조물은 두루마리를 열람하지 못함

계시록 5장 3절을 보면 "하늘 위에나 땅 위에나 땅 아래에 능히 그 두루마리를 펴거나 보거나 할 자가 없더라" 하며 하나님이 오른손에 가지고 계신 두루마리 책을 받아 그것의 끈을 풀고 그 내용을 열람할 자가 하늘 위에나 땅 위에나 땅 아래에 아무도 없다고 말한다. 그런데 여기서 '하늘 위'는 영적인 존재들이 있는 곳으로 천사들을 말하며 또한 믿다 죽은 낙원에 있는 성도들을 포함하는 말이고, '땅위'는 사람들이 사는 이 땅을 말하고, '땅 아래'는 악한 천사들과 죽은 불신자가 사는 세계를 지칭하는 말이다(빌2:10). 그러므로 이렇게 볼 때 본 절은 어떤 피조물이라 할지라도 하나님의 이 비밀스러운 책을 받거나 풀거나 열람하기에 합당한 존재는 하나도 없다는 말이다.

관용어적으로 "하늘 위에나 땅 위에나 땅 아래에 능히 그 두루마리를 펴거나 보거나 할 자가 없더라"라는 말은 어떤 피조물도 두루마리를 열람할 수 있는 존재는 없다는 말이다.

요한이 통곡한 이유

계시록 5장 4절을 보면 "그 두루마리를 펴거나 보거나 하기에 합당한 자가 보이지 아니하기로 내가 크게 울었더니"하며 두루마리를 펴고 볼자가 없어 사도요한이 대성통곡했다고 하는데 이렇게 요한이 운 이유는 하나님이 계획하신 악인에 대한 심판의 집행자가 없으므로 그로 인해 악인에 대한 최후의 심판과 성도들의 최종구원이 성취되지 못할까봐 염려해서였고 또한 계시가 더 이상 진행되지 못 할 것 같아서였다. 그런데 여기서 '울었더니'에 해당하는 헬라어 '에클라이온'은 '클라이오(울다.비탄하다.울부짖다.눈물을 흘리다)'의 미완료 능동태 시제로 계속 울고 있음을 나타낸다. 그러므로 요한은 종말이 성취되지 않을까봐 계속 대성통곡했다는 말이다.

관용어적으로 "그 두루마리를 펴거나 보거나 하기에 합당한 자가 보이지 아니하기로 내가 크게 울었더니" 라는 말은 형 집행자가 없어 종말이 성취되지 않을까봐 울었던 것이다.

24장로 울지 말라 한 이유

계시록 5장 5절을 보면 "장로 중의 한 사람이 내게 말하되 울지 말라 유대 지파의 사자 다윗의 뿌리가 이겼으니 그 두루마리와 그 일곱 인을 떼시리라 하더라"하고 있는데 여기서 장로 중 한 사람이란 24장로 중 한 사람인데 혹자는 이를 먼저 순교한 베드로라 하는데 베드로이든 아니든 어쨌든 24장로 중 한 사람은 확실하다. 사도요한이 인을 뗄자(끈을 풀다)나 볼자(열람)가 없어 대성통곡하자 24장로 중 한 사람이 말하길 울지 말라 하고있다. 왜냐하면 인을 뗄자와 열람할 분이 있기 때문이다.(24장로에 대하여 알고 싶으면 저의 책 계4:4절을 참고하라)

그런데 그 열람할 자가 있으니 그는 바로 유대지파의 사자라는 것이다. 그런데 이 말은 야곱이 유대 지파를 향해 축복했던 예언을 반영한 것으로 야곱은 유다를 가리켜 '사자 새끼'라 하였으며 '실로가 오시기까지 홀이 그를 떠나지 않을 것'이라고 약속했다(창49:9~10). 그런데 야곱이 유다를 사자 새끼라 했는데 이는 메시야가 '새끼' 즉 유다 지파의 후손으로 온다는 뜻으로 말한 것인데 본 절에서는 사자 새끼라 하지 않고 '사자'라 하고 있다. 이는 메시야를 말하는 말로 유다지파에서 사자 새끼인 메시야가 올 것이라는 유언이 성취되어 드디어 유다지파에서 사자이신 메시야가 왔다는 뜻이다.

또한 그 두루마리를 열람할 자가 다윗의 뿌리라 하고 있는데 역시 이 칭호도 사11:1을 반영한 것으로 메시야가 다윗의 후손로 오실 것이라는 미래적인 말인데 본 절의 다윗의 뿌리란 다윗의 후손으로 메시야가 이미 오셨다는 말이다. 그런데 여기서 뿌리는 혈통적인 뿌리를 말하는 것이 아니라 다윗의 가문에 오셨다는 뜻이다.

한편 '이기었으니'에 해당하는 헬라어 '이두 에니케센'은 문자적으로 '보라'는 의미의 감탄사 '이두'와 단회 적으로 '이기었다'를 의미하는 '니카오(군사적 용어로서 니케에서 유래)'의 부정 과거 시제(부정과거를 다른 말로 단순과거라고도 하는데 이는 과거의 단회적 사건이나 일회적 사건을 지칭할 때 사용한다)의 '에니케센'으로 이는 '단번에 결정적인 승리를 쟁취한 것'을 시사하는 말이다. 이는 주님이 십자가에서 죽고 부활하심으로 단번에 승리를 쟁취하셨다는 말이다.

관용어적으로 "장로 중의 한 사람이 내게 말하되 울지 말라 유대 지파의 사자 다윗의 뿌리가 이겼으니 그 두루마리와 그 일곱 인을 떼시리라 하더라" 라는 말은 유다지파에 오신 메시야이신 예수님이 인을 뗄 것이니 울지 말라는 말이다.

예수님의 위치

계시록 5장 6절을 보면 "내가 또 보니 보좌와 네 생물과 장로들 사이에서 한 어린 양이 서 있는데 일찍이 죽임을 당한 것 같더라 그에게 일곱 뿔과 일곱 눈이 있으니 이 눈들은 온 땅에 보내심을 받은 하나님의 일곱 영이더라" 하며 하나님의 위치와 예수님의 위치가 나오는데 본절에 나타난 예수님의 위치를 보면 하나님의 보좌를 중심으로 네 생물천사가 둘러싸고 있고 예수님은 그 생물천사 사이에 서 계신다고 나온다. 이는 행7:55절을 보면 스데반이 '하나님의 영광과 및 예수께서 하나님 우편에 서신 것을 보고' 하는 말과 일치한다. 그리고 그 둘레를 24장로가 둘러 앉았다고 나온다. 이를 현대어 성경은 "나는 또 스물네 장로가 앉아 있고 보좌와 네 생물이 있는 정면에 어린양이 서 계시는 것을 보았습니다" 라고 말하고 있다. 그러므로 이 말을 정리하면 하나님의 보좌 네 모퉁이를 중심으로 네 생물이 있고, 그 보좌 정면에서는 예수님이 계시고, 그리고 24장로는 하나님과 예수님을 둘러싸서 앉아 있다는 것이다. 그리고 계5:11절을 보면 그 24장로들을 둘러싸고 천군 천사들이 옹위하고 있다고 나온다. 보좌에 대한 자세한 내용은 저의 책 계3:21절을 참고하기 바란다.

그런데 본 절을 보면 예수님이 보좌 바로 앞에 서계신 것으로 나오지만 계22:3절을 보면 "하나님과 그 어린 양의 보좌가 그 가운데에 있으리니"하며 하나님의 보좌와 예수님의 보좌가 같은 자리인 것처럼 나오지만 이를 현대인의 성경으로 보면 하나님의 보좌와 예수님의 보좌가 새 예루살렘 성의 중심인 가운데에 있다고 나온다. 그러므로 말씀을 정리하면 새 예루살렘 중심에 하나님의 보좌가 있고, 그 우편 또는 정면에 예수님의 보좌에 있고, 네 생물천사는 하나님의 보좌의 네 모퉁에 서 있고, 24장로는 하나님과 예수님의 보좌를 둘러싸고 있고, 그리고 24장로를 둘러싸고는 천군천사가 포진하고 있다는 말이다.

'보좌와 네 생물과 장로들 사이에서 한 어린 양이 서 있는데'하며 예수님의 위치가 하나님과 24장로의 중간에 위치해 있다고 한다. 이렇게 예수님이 하나님과 24장로의 중간에 위치해 있다는 말은 24장로가 성도를 대표하는 사람이기에 이는 예수님의 중보자 되심을 강조하는 말이다(롬8:34, 히7:25).

관용어적으로 예수님이 하나님과 24장로 사이게 위치해 계시다는 말은 지금도 우리를 위해 중보해 주신다는 뜻이다.

어린양

계시록 5장 6절을 보면 "내가 또 보니 보좌와 네 생물과 장로들 사이에서 한 어린 양이 서 있는데 일찍이 죽임을 당한 것 같더라 그에게 일곱 뿔과 일곱 눈이 있으니 이 눈들은 온 땅에 보내심을 받은 하나님의 일곱 영이더라"하며 하나님과 24장로 사이에 예수님이 서 계시는데 본 절에서는 그 분을 어린양이라 말하고 있다. '어린양'에 해당하는 헬라어 '알니온'은 신약성경의 여러 곳에서 사용된 '암노스'와는 달리(요1:29,36;행8:32;벧전1:19) 갓난 어린양을 표현하는 것으로 요8:21:15절과 본서에서만 29회 사용되고 있다. 성경에서 양을 말할 때 헬라어에서 세 가지 단어를 사용하는데 그것은 본 절에 나오는 '알니온'과 '암노스'와 '프로바톤'인데 '알니온'은 갓난 어린양을 말하고, '암노스'는 보통 어린양을 말하고, '프로바톤'은 큰 양을 말한다. 그런데 본서에서는 갓난 어린양인 알니온으로 나온다. 그런데 계시록에서 어린양이 나오면 반드시 죽었다가 부활하셔서 사망을 이기신 분임을 말하는 말이다. 다시 말해 알니온인 어린양이 나오는 것은 속죄 제물로 돌아가셨다가 사망(죽음)을 이기시고 부활하여 이기신 예수님을 말하는 말로 이기심을 강조하는 말이다.

여기서 어린양은 출애굽때 있었던 유월절 어린양을 말하는데 이는 예수님이 십자가에서 유월절날 어린양으로 죽으심을 말하는 말인데 예수님은 유월절 어린양이 되셔서 온유하게 속죄 제물로 바쳐지셨다. 그런데 이렇게 제사를 드릴 때 어린양으로 제사를 드린 이유는 생리 전에 드려야 하기 때문이다(출12:5). 다시 말해 생리전에 양을 드리는 것은 비유적으로 예수님의 피흘리심이 단회적 사건이 될 것을 암시하는 말이다. 이렇게 예수님이 어린양으로 죽으셨기에 '일찍 죽임을 당한 것 같더라'라고 말하고 있는 것이다.

'죽임을 당한 것 같더라'에 해당하는 헬라어 '호스 에스파그메논'은' 살해하다.살육하다'라는 뜻의'습하조'의 완료 수동태 서술 분사 구문으로 과거에 십자가에 죽었으나 지금은 사망을 이시고 부활 하셔서 살아 계시며 승리 하신 것을 시사한다. 그런데 이렇게 사도요한이 예수님을 보고'한 어린 양이 서 있는데 일찍이 죽임을 당한 것 같더라'라 하며 죽임을 당한 분이셨던 것을 알 수 있었던 것은 말씀이 육신이 되신 예수님의 몸에 아직도 십자가의 흔적이 남아 있었기 때문이다.

관용어적으로 계시록에서 어린양은 십자가에서 죽으셨다가 사망을(죽음)을 이기시고 부활하신 예수님을 말하는 말로 이기심을 강조하는 말로 반드시 이기신다는 뜻이다.

일곱뿔과 일곱영

계시록 5장 6절을 보면 "내가 또 보니 보좌와 네 생물과 장로들 사이에서 한 어린 양이 서 있는데 일찍이 죽임을 당한 것 같더라 그에게 일곱 뿔과 일곱 눈이 있으니 이 눈들은 온 땅에 보내심을 받은 하나님의 일곱 영이더라"하며 예수님에게 일곱 뿔이 있다고 하고 있는데 뿔은 관용어적으로 '능력과 힘'을 상징하는 말이다.

당시 근동 지역에 사는 뿔 가진 짐승들은 매우 강한 힘을 지닌 짐승들이었다. 그래서 뿔은 예수님 당시에 흔히 힘을 상징하는 관용어로 사용되었다. 이는 구약성경에서는 뿔은 메시야와 능력(왕상22:11;단8:3)과 왕권(단7:23;8:20~22)과 권세와 힘을 상징하는 용어로 사용되었기에 신약에서도 뿔은 언제나 메시야와 왕권과 능력과 권세와 힘을 상징하는 용어로 쓰이고 있다.

그런데 요한은 예수님의 모습을 일곱 뿔을 가지신 분으로 묘사하고 있다. 그런데 숫자 7은 앞에서 언급했던 것 같이 관용어적으로 완전수를 말한다. 그러므로 예수님이 일곱뿔을 가지셨다는 말은 완전하신 능력과 힘을 가지셨다는 말이 됨으로 이는 '전능하신 능력'을 가지셨다는 뜻이 되는 것이다. 또한 일곱눈인 일곱영은 완전하신 영을 말함으로 이는 성령을 말하는 말이라고 역시 앞에서 언급했다. 하나님의 일곱 영에 대한 자세한 부분은 저의 책 계1:4절을 반드시 참고하기 바란다.

관용어적으로 일곱뿔을 가지셨다는 말은 예수님이 전능하신 하나님이라는 뜻이고, 일곱영을 가지셨다는 말은 예수님은 완전하신 영이신 성령을 통해 역사하신다는 말이다.

두루마리를 취하심

계시록 5장 7절을 보면 "그 어린 양이 나아와서 보좌에 앉으신 이의 오른손에서 두루마리를 취하시니라"하며 예수님이 하나님 아버지가 오른손에 가지고 계신 두루마리를 취했다고 하는데 이렇게 예수님이 두루마리를 취했다는 말은 예수님이 말세의 계획이 실행될 하나님의 결제를 받아내 곧 시행하신다는 말이다. 그런데 예수님이 취하신 그 두루마리에 담겨져 있는 내용은 계6:1~8:5절인 7인 재앙이 담겨져 있는데 이 7인 재앙은 계시록 전체의 시간표이며 계획표이다. 그러므로 계시록 전체의 재앙은 7인 재앙이 펼쳐져 시행되는 것이라 보면 된다.

그런데 본 절의 '취하시니라'에 해당하는 헬라어 '엘레펜'은 '취하다, 받다, 붙잡다, 꽉잡다, 얻다, 잡다'라는 동사 '람바노'의 현재완료형으로 취하되 잠깐 가지고 있는 것이 아니라 지속적으로 영원히 가지고 있음을 뜻하는 말이다.

관용어적으로 예수님이 두루마리를 취하셨다는 말은 예수님에게 종말에 대한 모든 집행권을 위임하셨다는 말이며 동시에 예수님이 하나님으로부터 종말을 시작할 결제를 받아내셨다는 말이다.

성도들의 기도의 향

계시록 5장 8절을 보면 "그 두루마리를 취하시매 네 생물과 이십 사 장로들이 그 어린 양 앞에 엎드려 각각 거문고와 향이 가득한 금 대접을 가졌으니 이 향은 성도의 기도들이라"하고 있다.

본 절부터 12절까지 네 생물과 24장로가 어린양을 찬양하는데 이렇게 어린양만 찬양하는 이유는 예수님이 하나님의 오른손에 있는 두루마리 책을 취했기 때문이다. 또한 본 절부터 12절에 네 생물과 24장로와 천군천사가 나오는데 이는 이후 진행되는 사건에서 네 생물과 24장로와 천군천사가 주로 활동하게 된다는 것을 암시하고 있는 것이다.

또한 혹자들 중 계4:1절에서 "올라오라"는 말이 휴거 사건이라 주장 하는데 휴거 사건이 아닌 이유가 5장인 본장에 와서 이제 대종말의 전야제 축제가 시작되기 때문이다. 그리고 휴거가 계7장에서 이루어지기 때문이다. 그러므로 본절은 휴거 사건이 아닌 전야제 사건인 것이다.

'그 두루마리를 취하시매' 이렇게 예수님이 두루마리 책을 취하신 이유는 요5:22절을 보면 "아버지께서 아무도 심판하지 아니하시고 심판을 다 아들에게 맡기셨으니"하고 말씀 하셨기 때문이다.

'네 생물과 이십사 장로들이 그 어린 양 앞에 엎드려 각각 거문고와 향이 가득한 금 대접을 가졌으니 이 향은 성도의 기도들이라' 본 절을 보면 네 생물과 24장로가 거문고와 향이 가득한 금 대접을 가졌다고 하고 있는데 누가 금 대접을 가졌고, 누가 거문고를 가졌는지는 나오지 않고 있다. 그런데 계8:3~4절을 보면 "또 다른 천사가 와서 제단 곁에 서서 금 향로를 가지고 많은 향을 받았으니 이는 모든 성도의 기도와 합하여 보좌 앞 금 제단에 드리고자 함이라. 향연이 성도의 기도와 함께 천사의 손으로부터 하나님 앞으로 올라가는지"하며 천사가 금향로인 금대접을 가졌다고 나옴으로 본 절에서 금대접을 가지고 있는 존재는 24장로가 아닌 네 생물천사이다. 그리고 거문고는 24장로가 가지고 있다. 그런데 앞에서 거문고가 등장하면 뒤에는 반드시 찬양이 나오는 것이 계시록의 관용구라 했기에 거문고가 등장하기에 뒤에 바로 찬양이 나오게 되어있다.

'이 향은 성도의 기도들이라'하고 있는데 이 기도는 성도들과 순교자들이 오랫동안 해온 기도가 축적된 신원기도(복수를 외치는 기도)로 결국 종말은 성도들과 순교자들의 기도응답의 결과라는 것이다.

관용어적으로 기도의 금 대접과 7년 환난 전야제 축제가 벌어진 이유는 이 모든 것이 순교자들의 신원 기도응답의 결과이기 때문이다.

새 노래 찬양

계시록 5장 9절을 보면 "그들이 새 노래를 불러 이르되 두루마리를 가지시고 그 인봉을 떼기에 합당하시도다 일찍이 죽임을 당하사 각 족속과 방언과 백성과 나라 가운데에서 사람들을 피로 사서 하나님께 드리시고" 하며 9,10절은 새 노래로 네 생물과 24장로가 예수님을 찬양하는 내용인데 그들이 이렇게 예수님이 인을 떼기에 합당하고 찬양받기에 합당한 이유로 예수님께서 전 인류를 위해 피 흘려 죽으심으로 그들의 영혼을 사서 하나님께 드리셨기 때문이다.

'새 노래'라는 말은 시편에서 자주 등장하는 표현으로 '테힐라'는 찬양을 말하는 말로 이는 한 번도 불러 보지 않은 전혀 새로운 찬양을 말한다(시 33:3;40:3;96:1;98:1). 여기서 '새 노래'는 헬라어로 '오덴 카이넨'인데 '새 노래' 할 때 '노래'로 번역된 '오덴(노래)'은 '아도(노래하다 103)'라는 말에서 유래된 말로 말 그대로 노래를 말하고 '새 노래' 할 때 '새'로 번역된 '카이넨'은 본래 '새로운, 신선한, 최근, 고귀한'이란 뜻을 지닌 '카이노스'의 목적격 형용사로 과거에 한 번도 없었던 최근에 질적으로 전혀 새로운 것을 말하는 말로 시간적이며 근원적인 면에서 새로움을 나타내는 '네오스(새로운)'와는 달리 '질적인 면'에서 최근 것을 나타낸다. 그러므로 '오덴 카이넨'은 질적으로 전혀 새로운 최근에 만들어진 작품과 같은 노래를 말한다. 그리고 '노래하여'에 해당하는 헬라어 '아두신'은 '아도(노래하다)'의 현재 시상으로 계속적으로 노래하고 있다는 뜻이다. 그러므로 이 말은 네 생물과 24 장로가 전혀 새로운 찬양을 계속 멈추지 않고 있다는 뜻이다.

또한 "일찍 죽임을 당하사 각 족속과 방언과 백성과 나라 가운데서 사람들을 피로 사서." 계시록에서는 수많은 관용어구가 나오는데 본 절도 관용어구로 '각 족속과 방언과 백성과 나라 가운데서' 라는 말이 나오면 모든 인류를 말하는 관용어구이다. 그런데 여기서 '죽임을 당하사'에 해당하는 헬라어 '에스파게스'는 '습하조(살해하다)'의 부정 과거 수동태이며 '사서'에 해당하는 헬라어 '에고라사스'는 '아고라조'의 부정 과거인데 이 '아고라조(사다, 구속하다)'는 '장터'를 의미하는 '아고라'의 동사화 된 용어로 '아고라조'는 '장터에 가서 일(물건)을 사다' 라는 뜻을 가지고 있다. '아고라조'는 당시 장터에서 노예를 매매할 때 사용했던 말이다. 본문은 바로 당시 존재하던 그 노예 시장에서 노예를 값주고 사는 행위를 배경 삼고 있는 것이다. 그러므로 '에고라사스(사고) 호 데오(하나님) 헤마스(대격 복수=사람) 엔(안에, 위치를 나타냄) 토 하이마티(피)'라는 말은 과거에 예수님께서 우리를 위해 단번에 당신의 피로 노예인 우리를 사서 구원하셨다는 뜻이다.

'하나님께 드리시고.' 이렇게 죄의 노예인 우리를 주님이 당신의 피로 사셨는데 그 이유는 하나님께 우리를 드려 하나님께 속하게 하기 위해서라는 것이다. 즉 구원하시기 위해서라는 것이다.

관용어적으로 네 생물과 24장로가 새 노래로 찬양했다는 말은 한 번도 불러 보지 않았던 새로운 노래와 곡조로 우리를 구원하신 예수님을 찬양하고 있다는 말이다.

천년왕국와 전천년설

계시록 5장 10절을 보면 "그들로 우리 하나님 앞에서 나라와 제사장들을 삼으셨으니 그들이 땅에서 왕 노릇 하리로다"하고 있는데 여기서 '나라와 제사장들을 삼으셨으니'라는 말은 계1:6절의 저의 책을 참고하라.

한편 '왕 노릇하리로다'에 해당하는 헬라어 '바실류슈신'에 대해서 시내 사본은 미래형을 취했고 알렉산드리아 사본은 '바실류우신'으로 현재형을 취했다. 현재형을 취할 경우는 천년왕국이 실제로 존재하지 않고 다만 성도들이 이 땅에서 영적으로 주님과 함께 왕 노릇 하는 것을 천년왕국으로 보는데 이를 무천년설이라 한다. 그러나 시내 사본의 미래형을 취하게 되면 천년왕국이 실제로 존재하는 전천년설이 된다. 그런데 우리 개정 성경은 시내 사본을 따라 '바실류슈신'으로 되어있다. 그러므로 이는 앞으로 있어질 천년왕국에서 성도들이 실제로 주님과 함께 왕 노릇을 하게 될 것을 말하고 있다. 이 부분은 저의 책 계20:2절을 반드시 참고하라. 그리고 이 땅에서 살아 있는 동안은 '나라와 제사장'인 왕과 제사장을 겸한 왕 같은 제사장으로 살아가게 될 것이라는 말이다.

관용어적으로 '그들이 땅에서 왕 노릇 하리로다'라는 말은 성도들이 미래의 천년왕국때 실제로 이 땅에서 주님과 함께 왕 노릇 한다는 말이다.

천천이요 만만이라

계시록 5장 11절을 보면 "내가 또 보고 들으매 보좌와 생물들과 장로들을 둘러 선 많은 천사의 음성이 있으니 그 수가 만만이요 천천이라" 하고 있는데 11~12절은 천군천사가 예수님이 인을 떼기에 합당하다는

찬양 내용이 나온다. 여기서 보좌, 생물, 장로들은 저의 책 계4:2,4,6절을 반드시 참고하라

보좌를 주위로 해서 그 보좌 네 모퉁이에 생물천사가 있고 그 정면에 예수님이 계시고 그 주위에 24장로의 보좌가 있는데 본 절을 보면 이 24장로 밖에는 천군천사가 포진해 있는 것이 나온다. 그런데 그 수를 '만만이요 천천이라'이라 하는데 이는 단7:10절을 관용어적으로 반영한 것인데 이는 천사의 수가 천천이고 만만이라는 뜻이 아니라 그 수가 헤아릴 수 없이 많은 것을 말하는 말로 그 수가 셀 수 없을 정도로 엄청나게 많다는 뜻이다. 계시록에서 이렇게 구약 성경구절을 반영하는 것은 관용어적 뜻을(많다는 것) 반영하는 것이지 내용을(구절 그대로를) 반영한 것이 아니다. 즉 유대인들은 천사의 수가 많을 때 단7:10절을 인용해 그 수가 천천이요 만만이라 했다. 반영이라는 말의 뜻을 자세히 알려면 저의 책 계10:9절을 참고하라

관용어적으로 유대인들은 천사의 수가 많을 때 단7:10절을 인용해 그 수가 천천이요 만만이라 했다.

7가지 완전한 찬양

계시록 5장 12절을 보면 "큰 음성으로 이르되 죽임을 당하신 어린 양은 능력과 부와 지혜와 힘과 존귀와 영광과 찬송을 받으시기에 합당하도다 하더라"하며 11절의 천군천사가 큰 소리로 주님의 완전하신

속성을 찬양하는데 그런데 본 절은 수많은 천사들의 찬양 내용으로 계7:12과 유사하다. 이 찬양의 내용이 13절과 계7:12에서는 하나님께 돌려지고 있으나 본 절에서는 어린양께 돌려지고 있다. 이는 곧 하나님과 어린양이신 예수님이 신성이 동일함을 나타낸다.

한편 찬양이 일곱 가지 내용으로 드려지는데 이는 7이라는 완전수로 찬양하는 것으로 이 7가지 찬양이 하나의 관사 '텐'으로 연결되고 있는데 이는 예수님이 완전하신 하나님의 일곱가지 속성을 가지고 있음을 말해주는 찬양인 것이다.

첫째로 능력은 하나님의 초자연적 능력을 말하는 말로 이를 예수님께 찬양함으로 예수님도 삼위일체 중의 한분임을 말하고 있고(고전1:24), 둘째로 부는 하나님의 부족함이 없는 충만하신 상태를 말하는 말인데 이를 예수님께 찬양함으로 예수님도 바로 부족함이 없이 충만한 분이시라는 것을 말해 주고 있고(막10:29~30), 셋째로 지혜는 천하 만물을 꿰뚫어 보는 것으로 하나님만이 가지고 계신 '오이다(꿰뚫다.직관)'를 말하는데 이를 예수님께 찬양함으로 예수님도 하나님과 동등하신 분이심을 찬양하는 것이고(고전1:24,약1:5), 넷째로 힘은 '능력'이 외적으로 나타난 것으로 악이나 대적자를 멸망시키시는 하나님의 힘을 말하는데 이를 예수님께 찬양함으로 예수님도 하나님과 동등하신 힘을 가지신 분임을 말하는 것이고(눅11:22), 다섯째로 존귀는 하나님이 만주의 주이시고 만왕의 왕으로 존경과 귀함을 받으시는데 이를 예수님께 찬양함으로 예수님도 하나님과 동등하게 존귀를 받으시는 분심을 말하는 것이고(빌2:10~11), 여섯째로 영광은 하나님만이 가지신 행복과 기쁨을 말하는데 이를 예수님께 찬양함으로 역시 예수님도 하나님과 등등하게 영광을 받으시는 분임을 말하고 있고(요1:14), 일곱째로 찬양은 당신의 백성으로부터 받으시는 것인데 이를 예수님께 찬양함으로 이도 역시 예수님도 하나님과 동일하게 찬양을 받는 분임을 말하면서 그 분도 삼위일체 하나님 중 한분이신 하나님의 속성을 가지진 분임을 말하고 있다(살전4:14).

관용어적으로 천군천사가 7가지 하나님의 속성을 가지고 예수님을 찬양을 했는데 7이 완전수이기 이는 예수님이 완전하신 하나님의 속성을 가지신 하나님이라는 뜻도 있지만 7가지 속성으로 찬양한 것은 더 이상 형용할 수 있는 미사여구가 필요 없는 완벽한 찬양을 말한다.

피조물의 찬양

계시록 5장 13절을 보면 "내가 또 들으니 하늘 위에와 땅 위에와 땅 아래와 바다 위에와 또 그 가운데 모든 피조물이 이르되 보좌에 앉으신 이와 어린 양에게 찬송과 존귀와 영광과 권능을 세세토록 돌릴지어다 하니" 하며 피조물의 찬양이 나오는데 본 절은 11~12절의 천군천사의 찬양에 대하여 피조물이 화답하는 찬양이다. '하늘 위에와 땅 위에와 땅 아래'는 저의책 제5:3절을 반드시 참고하라.

계5:13절을 공동번역은 이렇게 번역하고 있다. "그리고 나는 하늘과 땅과 땅 아래와 바다에 있는 모든 피조물 곧 온 우주 안에 있는 만물이, 옥좌에 앉으신 분과 어린 양께서 찬양과 영예와 영광과 권능을 영원무궁토록 받으소서하고 외치는 소리를 들었습니다"하며 '바다 위에'라는 말을 바다에 있는 모든 생물을 포함하는 말로 번역하고 있다. 그러면서 '또 그 가운데 모든 피조물이 이르되'라는 말은 곧 이는 모든 우주 안에 있는 만물이라고 말한다. 그러므로 '하늘 위에와 땅 위에와 땅 아래와 바다 위에와'라는 말은 우주 만물을 가리키는 말인 것이다. 그러므로 앞으로 계시록에서 '하늘 위에와 땅 위에와 땅 아래와 바다 위에'라는 말이 나오면 이는 만물을 가리키는 관용구로 이해하고 봐야 한다.

그런데 이런 모든 만물인 피조물이 이렇게 보좌에 계신 하나님과 예수님을 동시에 찬양하는 이유는 예수님이 삼위일체 하나님 중 한분이시라는 것을 강조하는 것이며 또한 종말의 집행자이신 예수님이 두루마리를(결제) 받으셔서 종말이 집행되기 시작하는 것이 감사해서 찬송과 존귀와 영광과 권능을 영원토록 드리는 찬양을 하고 있는 것이다.

관용어적으로 13절은 우주 안에 있는 모든 피조물들이 예수님이 두루마리를 받아 종말을 집행하는 것을 찬양하는 장이다.

판도라 뚜껑이 열리기전 전야제 축제

계시록 5장 14절을 보면 "네 생물이 이르되 아멘 하고 장로들은 엎드려 경배하더라"하고 있는데 본 절은 피조물을 대표하는 네 생물과 성도들을 대표하는 24장로가 천군천사와 모든 피조물이 하나님과 예수님께 드린 찬양에 대하여 마지막으로 아멘과 경배로 화답하는 장면이다.

본장은 예수님이 하나님의 오른손에 있는 두루마리 책을 받으시면서 네 생물과 24장로부터부터 찬양이 시작되어 점진적으로 확대되어 천군천사와 모든 피조물의 찬양으로 이어지고 마지막으로 찬양을 시작한 네 생물과 24장로로 마무리 하는 장이다. 그런데 이렇게 네 생물과 24장로와 천군천사와 우주안의 모든 피조물이 찬양하고 있는 것은 이제 6장부터 집행되는 종말의 판도라가 하늘에 있는 모든 영적존재나 우주안에 있는 모든 피조물이 찬양을 부를 정도로 학소 고대했던 사건이라는 뜻이다. 그러므로 앞으로 시행되는 종말의 사건들이 합당한 일들이라는 뜻이다.

또한 이렇게 네 생물과 24장로가 아멘과 경배를 드림으로 이제 종말의 전야제 축제는 끝이 나고 6장부터 시작되는 종말의 판도라 상자 뚜껑은 곧 열리게 되는 것이다.

관용어적으로 네 생물과 24장의 아멘과 경배는 종말의 집행이 당연함과 모든 피조물이 기대하던 바라는 뜻이다. 여기서 기억할 것은 계시록에서 네 생물은 언제나 피조물의 대표이고, 24장로는 언제나 성도들의 대표라는 것이다.

하존 요한계시록 2

제 3 강

계시록 6장

l 계 6장

판도라 뚜껑이 열렸다.

　계시록 6장 1절을 보면 "내가 보매 어린 양이 일곱 인 중의 하나를 떼시는데 그 때에 내가 들으니 네 생물 중의 하나가 우렛소리같이 말하되 오라 하기로" 하고 있는데 이는 4, 5장의 전야제 축제가 끝이 나고 이제 본격적으로 종말의 집행이 시작되는 판도라 뚜껑이 열렸다는 말이다. 계시록은 친절하다. 그래서 계시록 안에서 해석할 수 있는 모든 답이 다 제공되고 있고, 또한 종말의 시간표가 나온다. 그 시간표가 본장 6장이며 또한 계시록 8, 9장과 14장이다. 그런데 특별히 계시록 6장은 후 삼년 반의 시작부터 백 보좌 심판까지의 도표이며 시간표이다. 그래서 계시록 6장이 중요하다. 계시록 6장은 5장의 하나님의 오른손에 있는 두루마리 책을 예수님이 받으시고(결제 받은 것) 그것을 개봉해서 그 내용을 읽어 보는 장이다. 다시 말해 주님이 두루마리 책을 받으신 후 개봉해서 도대체 무슨 내용이 기록되었는지 일곱 인을 하나하나 열람해 보는 내용이다. 그런데 개봉해 보니 거기에는 계시록의 전체를 한눈에 볼 수 있는 도표가 그려져 있었다. 다시 말해 일곱 인은 앞으로 계시록을 진행하겠다는 전체적인 총론이 기록되어 있는 것이다. 그래서 계시록 6장은 계시록 7~20장까지의 서론 또는 총론이라고도 하며 시간표 또는 도표라고도 한다.

　계시록은 친절하다. 그래서 앞에서 설명하지 못하고 넘어간 것은 다시 되돌아와서 구체적으로 뒤에서 설명한다. 이를 오버랩 기법이라 한다. 다시 말해 계시록은 신속하게 쭉쭉 진행되는 것이 아니라 다른 내용에 밀려 앞에서 언급을 제대로 하지 못했던 부분을 뒤에서 반드시 연결해서 설명하고 넘어 간다는 것이다. 이것을 오버랩 기법 또는 줄여서랩 기법이라 한다. 이 랩 기법으로 자주 사용되는 관용어적 문구는 '이 일 후에' 라는 말인데 이 문구가 나오면 앞부분을 다시 설명하고 있다는 것을 알고 그 앞부분을 다시 찾아야 한다. 그리고 그 앞부분과 연결을 하면 계시록의 시간표를 알 수 있게 된다. 이렇게 계시록은 세밀하게 설명해 주기에 제가 계시록은 친절하다고 하는 것이다.

　또한 계시록 6장에서 등장하는 '인'은 '습흐라기조'로 이는 도장이라는 뜻으로 도장을 받았다는 말이다. 다시 말해 도장을 받았다는 말은 결제를 받았다는 말로 도장이 이미 찍혀 있기에 이미 결제가 떨어진 것이다. 그러므로 이는 계시록 6장의 인 재앙은 형벌의 집행이 아닌 계시록 5장에서 결제가 떨어진 내용을 하나하나 주님이 살펴보며 앞으로 종말이 어떻게 진행되는지 그 도표를 한눈에 보시는 장면이 기록된 것이 계시록 6장의 일곱 인인 것이다.

또한 계시록 6장의 시작은 계시록 9장 5절의 "그러나 그들을 죽이지는 못하게 하시고 다섯 달 동안 괴롭게만 하게 하시는데 그 괴롭게 함은 전갈이 사람을 쏠 때에 괴롭게 함과 같더라." 하며 예루살렘 5개월 포위로부터 시작이 된다. 그런데 이는 마태복음 24장의 소 계시록과도 그 시작이 일치한다.

관용어적으로 계시록 6장은 계시록 5장에서 받은 결제 내용인 판도라의 뚜껑을 열어서 종말에 대한 판도라의 내용인 일곱 인 재앙의 내용을 보는 것이 기록되었지 종말이 집행(시작)되는 것이 기록된 것이 아니다.

첫째 사자 생물천사가 오라함

계시록 6장 1절을 보면 "내가 보매 어린 양이 일곱 인 중의 하나를 떼시는데 그 때에 내가 들으니 네 생물 중의 하나가 우렛소리 같이 말하되 오라 하기로" 하며 "어린 양이 일곱 인 중의 하나를 떼시는데" 하고 있는데 여기서 '떼시는데' 라는 말이 헬라어로 '아노이고' 라는 말로 이는 '열다' 라는 뜻으로 되어있다. 이는 집행(시작)이 아닌 두루마리 책의 첫 페이지를 열어보니라는 말이다. 이렇게 첫 페이지인 첫째인을 열었더니 네 생물중 하나가 우렛소리(천둥소리) 같이 큰 소리로 오라 말했는데 여기서 네 생물중 하나라면 첫 번째 생물천사를 말하는데 그것은 계 4:7절에 기록되어 있는 사자 생물천사이다. 이는 마태복음을 말한다고 이미 말씀 드렸다. 그런데 마태복음은 유대인들을 위해 기록되었다. 그런데 첫 번째 생물 천사인 마태복음을 의미하는 사자 천사 나왔다는 것은 시사하는 것이 크다. 왜냐하면 이는 후 삼년반의 시작이 이스라엘로부터 시작된다는 것을 암시하는 말이기 때문이다. 그러므로 후 삼년반의 시작은 미국과 중국과 러시아에서 시작되는 것이 아니라 이스라엘로부터 시작되는 것이다.

또한 "오라 하기로"라는 말이 알렉산드라 사본과 개정성경에는 단순히 '오라'로 되어있다. 그러나 시내 사본과 킹제임스는 '와서 보라'인 "포네(소리) 브론테스(우뢰), 에르쿠(오라) 카이 블레페(보라)" 되어있다. 그런데 우리 성경은 다행히 알렉산드라 사본과 같이 "오라"인 "포네(소리) 브론테스(우뢰) 에르쿠(오라)"로 되어있다. 그러나 만약 시내 사본과 킹제임스 해석을 따르게 되면 오라해서 온자가 요한도 아니고 말탄자도 아닌 예수님이 된다. 그렇게 되면 피조물인 사자 생물천사가 감히 조물주이신 예수님에게 와서 보라고 명령하는 것이 된다. 그런데 다행히 우리 개정성경은 단순히 '오라'로 되어있다. 이는 예수님이 아닌 피조물을 오라는 말이된다. 또한 이렇게 사자 생물천사가 오라하자 나타난 존재가 2절에 나오는데 그는 예수님이 아닌 흰말탄자 였다. 그러므로 이는 예수님에게 와서 보라는 말이 아니라 흰말탄자에게 오라고 한 말인 것이다.

관용어적으로 오라는 말은 말탄자에게 하는 말이다.

흰말

계시록 6장 2절을 보면 "이에 내가 보니 흰 말이 있는데 그 탄 자가 활을 가졌고 면류관을 받고 나아가서 이기고 또 이기려고 하더라"하며 '흰말'이 등장하는데 여기서 '흰'이란 말은 헬라어로 "류코스"라는 말로 이는 고전 헬라어 '빛나다' 라는 '뤼케'라는 말에서 유래가 되어 이 단어는 우유, 눈, 흰 옷, 달걀의 흰 부분, 희생제물의 색깔, 제사장과 입교자들의 옷의색깔, 죽은 자와 유족의 옷 등에 대해 사용되었다. 그리고 흰색은 기쁨이나 승리의 색이며, 신들을 기쁘게 하는 색으로 간주되었고 도움을 주는 신들은 스스로를 희다고 일컬었다. 그런데 이 류코스가 70인역을 만나면서 하나님 자신의 색깔을 말하며(단7:9), 죄악의 부정으로부터 정화된 상태를 말하는 말과(시51:7,사1:18,단11:35,단12:1O), '순결'을 상징하는 말로 사용되었다. 필로는 삶과 죽음, 선과 악 등과 나란히 흰색과 검은 색을 대조하였고, 요세푸스는 레위인들은 흰 세마포 옷을 입는 권리를 보장받았다고 했으며, 에세네파는 항상 흰옷을 입고 다녔다고 한다. 또한 주후 1세기 이후부터 죽은 자를 흰 세마포로 입혀 장사지냈는데 이것은 성도들이 변화된 상태에서 입는 영광의 의복에 대한 상징이었다. 흰 것은 관용어적으로 기쁨과 신들의 옷이며 신들의 색이며 승리를 말한다.

'말(馬)'이 등장하는데 말이 애굽에서 병거로 사용된 것은 B.C.1800년경 애굽을 지배하게 된 힉소스인들의 병거사용으로부터 시작 되었다. 이들은 북쪽 셈족의 한 계파인 힉소스 족속들로 유목생활을 했던 자들인데 애굽을 정복한 후 100년 동안 이집트에서 힉소스(외국의 지배자) 왕조를 세워 제14왕조에서 제17왕조까지 상부 애굽을 장악하여 통치했다.

　어떤 학자는 요셉의 총리재임 시절을 힉소스 왕조의 상부 애굽 통치시기로 보기도 한다. 이들 힉소스 족속들이 애굽을 정복할 수 있었던 힘은 말을 이용한 전차의 힘과 전술이었다. 그 후 '아모세'(B.C.1580~1546)가 제18왕조를 창시하고 힉소스족을 가나안의 남쪽 '사루헨'으로 완전히 축출하였다. 힉소스인들 중 일부는 가나안 원주민으로 흡수되었고, 또 일부는 가나안 땅 북쪽으로 이동하였으나 점차 역사 속으로 사라졌다. 제18왕조에 이르러 애굽은 크게 강성해져 그 세력을 가나안 땅에까지 미쳤으며 가나안 지경을 속국으로 만들었다.

　이 시기에 애굽은 고대 세계를 제패하였으며 가나안 땅을 제국의 관할 영토로 경영하였다. 그런데 이렇게 애굽이 강성해진 것은 바로 힉소스 족이 사용했던 말 병거를 그대로 받아들였기 때문이다. 말이 이렇게 고대 근동에 처음 유입된 이후 이 지역에서의 전쟁의 양상은 급속도로 변모되어 갔다. 전차 부대와 기병대 등, 말만이 제공할 수 있는 독특한 지구력과 기동력은 싸움의 질을 변화시켰으며 파괴력 또한 엄청나게 증강시켰다. 따라서 병거와 마병의 보유력은 곧 그 나라의 군사력을 측정하는 기준으로까지 인식되었다. 관용어적으로 말은 빠름과 속도와 힘과 전쟁과 세력을 상징한다.

　그러므로 본 절의 "흰말"은 선한 승리자이며, 정복자와 왕과 평화를 상징하는데 문장의 흐름상으로 볼 때 본 절의 흰말은 계19장의 예수님이 아닌 적그리스도가 흰말을 타고 세계를 빠르게 정복하는 것을 말하는데 그것도 위장평화의 왕으로 정복하는 것을 말한다. 왜냐하면 흰말은 평화의 왕인 예수님이 타면 평화의 왕이지만 적그리스도가 타면 위장 평화의 왕이기 때문이다. 그러므로 이는 적그스리도가 예수님을 흉내 내서 위장평화 공세를 사칭하여 전쟁을 해 정복하는 것을 말한다.

관용어적으로 흰말은 평화의 왕의 말로 본 절에서는 적그리스도가 위장평화 공세를 펼치며 타고 등장하는 적그리스도의 말이다.

적그리스도의 출현

계시록 6장 2절을 보면 "이에 내가 보니 흰 말이 있는데 그 탄 자가 활을 가졌고 면류관을 받고 나아가서 이기고 또 이기려고 하더라"하며 '있는데'라고 말이 나온다. 이 말은 '~로부터 나오다'라는 '엑셀코마이'가 아닌 본 절에만 등장하는 말로 그냥 본래부터 이 땅에 있던 존재라는 것이다. 다시 말해 예수님처럼 도성인신 하셔서 이 땅에 오신 평화의 왕이 아니라 이 땅에 존재했다가 비로소 때가 되어 나타난 평화의 왕이라는 것이다. 그러므로 이 흰말 탄자는 예수님이 아닌 거짓 평화의 왕인 적그리스도인 것이다. 또한 이 흰말탄 존재가 적그리스도라는 증거는 활을 가졌다는 것이다. 예수님은 한번도 사역 중에 활을 가지고 마귀나 귀신과 흑암의 세력과 싸우신 적이 없고, 엡6:17절을 보면 "구원의 투구와 성령의 검 곧 하나님의 말씀을 가지라"하고 있고, 계19:15절을 보면 "그의 입에서 이한 검이 나오니"하며 성령의 검으로 싸우신다고 나오고 있기 때문이다. 그러므로 이렇게 활을 가지고 싸우는 존재는 적그리스도인 것이다.

또한 '면류관을 받고'라고 되어 있는데 면류관은 왕이 쓰는 것인데 "면류관을 받고"와 같은 수식어가 붙으면 이는 교주와 같이 추대된 왕인 적그리스도를 말하는 것이다. 본 절의 면류관이 '스텝하노스'로 상급으로 주어진 면류관으로 이 면류관을 예수님이 쓰시면 십자가의 승리로 예수님이 죽으신후 하나님으로 부터 상급으로 받으신 면류관이 되고 성도가 쓰면 신앙의 승리자로 천년왕국에서 주님과 함께 왕 노릇 할 자를 말한다. 그러나 이 면류관을 사람이 쓰면 이는 추대된 왕이 되는 것이다. 이 추대된 왕이란 다른 말로 적그리스도나 교주를 말하는 말이다. 그런데 이 면류관을 이 땅 에서 사람들로부터 받아 사람이 썼다고 나오기에 이는 적그리스도를 말하는 말이다.

또한 '이기고 또 이기려고 하더라' 하며 '이기고'에 해당하는 헬라어 '니콘'은 '니카오(정복하다)'의 현재 능동태 분사로 심판의 현재성을 시사한다. 또한 '이기려고'의 헬라어 '카이 히나 니케세'는 목적을 나타내는 부정 과거 능동태 가정문으로 궁극적인 승리를 시사한다. 다시 말해 이 적그리스도가 결국은 예루살렘을 포위한후 정복하고 세계를 정복하게 된다는 말이다. 그런데 예수님을 계시록에서 말할때는 언제나 '이긴자'로 말한다. 그런데 본 절을 보면 '이기고 이기려고(현재 능동태)'한다고 나온다. 그런데 마귀인 적그스리도는 언제나 하나님을 대적해 이기고 이기려고 하는 존재이다. 그러므로 이렇게 볼 때 흰말탄자는 후 삼년반에 나타날 적그스도인 것이다. 이렇게 적그스도가 흰말을 타고 나타나 전쟁을 치루기 위해 출현하는 때는 계9:3.5절의 때이다.

또한 계6장의 인을 뗄 때 나온 말탄자를 넷천사장인 미가엘.가브리엘,라파엘,우리엘 천사장이라 혹자는 말하는데 천사나 천사장은 성경에서 한번도 면류관을 쓴적이 없고 면류관을 쓰고 나타난 적이 없다, 또한 천사나 천사장이 활을 가지고 나타난 적도 없다. 그러므로 천사나 천사장이 면류관을 쓰고 나타나면 이는 마귀와 그의 사자들인 것이다. 그러므로 인을 뗄 때 나타난 천사장은 사대 천사장이 아니다.

관용어적으로 예수님은 사람으로부터 면류관을 받은적이 없고 또한 활을 가지시고 싸운적이 없으시고 또한 예수님은 이긴자이시지 이기려고 노력하신적도 없다. 그러므로 본 절에 흰말을 따고 나타난 존재는 후 삼년반에 나타날 적그리스도의 출현을 말하는 것이다.

둘째 송아지 생물천사가 오라 함

계시록 6장 3절을 보면 "둘 째 인을 떼실 때에 내가 들으니 둘째 생물이 말하되 오라 하니"하고 있는데 계5장이 하나님의 오른손에 있는 두루마리 책의 끈을 푸는 것을 말한다면 계6장은 도장 찍어 봉해진 책을 열람하는 장이다. 본 절의 둘째 생물은 송아지 생물천사를 말한다.

둘째 인에 해당하는 헬라어 '텐 스프라기다(인) 텐 듀테란(둘째)'은 문자적으로 '그 두번째 그 인봉'이란 의미이다. 이것은 첫번째 인을 단지 '일곱 인 중에 하나'라고 언급한 것과는 달리 시간적 순서를 분명히 나타낸다. 또한 비록 둘째 인을 뗀 자를 언급하지 않는다 할지라도 처음 인을 뗀 어린양이 둘째 인도 떼었음이 분명하다. 계6장은 형벌이 아닌 결제 내용을 열람해 보는 장이다.

'오라 하니'라는 말이 알렉산드라 사본과 개정성경에는 단순히 '오라'로 되어있다. 그러나 시내 사본과 킹제임스는 '와서 보라'로 되어있다. 그러나 만약 시내 사본과 킹제임스 성경 해석을 따르게 되면 '오라' 해서 나온자가 요한도 아니고 붉은 말탄자도 아닌 예수님이 된다. 그렇다면 본 내용은 이렇게 된다. 피조물인 송아지 생물천사가 감히 조물주이신 예수님에게 와서 보라고 명령하는 것이 된다. 그러므로 이는 시내 사본 보다는 알렉산드리아 사본을 따르는 것이 더 정확하다. 왜냐하면 어떻게 피조물이 조물주이신 예수님에게 오라 가라 할수 있느냐는 것이다. 그리고 또한 이렇게 송아지 생물천사가 오라하자 나타난 존재가 4절에 나오는데 그는 예수님이 아닌 붉은 말탄자가 왔다. 그러므로 이는 예수님을 와서 보라한 것이 아니라 붉은 말탄자에게 한 말인 것이다. "오라"라는 말의 자세한 내용을 알고 싶으면 본장 1절을 참고하라.

관용어적으로 둘째 생물천사는 송아지 천사이다.

붉은 말과 칼에 대한 관용어

계시록 6장 4절을 보면 "이에 다른 붉은 말이 나오더라 그 탄 자가 허락을 받아 땅에서 화평을 제하여 버리며 서로 죽이게 하고 또 큰 칼을 받았더라"하며 예수님이 둘째인을 떼자 송아지 생물이 "나오라" 하자 붉은 말을 탄자가 나왔는데 여기서 붉은 말은 헬라어로 '힙포스(말) 퓔로스(불 같은, 붉은)'라 해서 '피 혹은 불같이 붉은 색체의 말'이란 의미인데 여기서 붉은 색은 전쟁 혹은 살육으로 인해 흘린 피를 암시한다(계12:3). 뒤에 칼이 나오지만 말과 칼은 전쟁에서 사용하는 도구로 전쟁을 말하는 관용어이다. 그것도 말이 빠름을 말하는 관용어이기에 속전속결로 정복함을 말한다.

또한 "나오더라"라는 말이 '엑셀코마이'로 '~로부터 오다'라는 뜻을 가지고 있는데 본장 2절에는 '나오더라'는 말이 없고 "있더라"로 되어 있었는데 반해 본 절 4절은 '엑셀코마이'를 씀으로 이는 1절인 흰말인 적 그리스도로부터 4절 붉은 말이 나왔다라고 되어있다.

"그 탄 자가 허락을 받아"하며 붉은 말 탄자가 "허락"을 받았다고 하는데 여기서 '허락'이라는 말의 헬라어 '에도데'는 '디도미(주다)'의 부정과거 수동태로 이는 과거에 이미 있었던 사건을 말하는 말이다. "이에 다른 붉은 말이 나오더라"하고 있는데 이 말은 붉은 말탄자가 흰말 탄 적그리스도로 부터 나왔다(엑셀코마이)는 말이다. 즉 붉은 말 탄자가 흰말탄자로 부터 나왔는데 그 붉은 말 탄자에게 흰말탄자가 전쟁시 사람들을 죽여도 좋다고 이미 허락도 했다는 말이다. 그런데 이 허락을 받은 시점이 지금 현재가 아니라 이미 과거의 어느 한 시점에서 허락을 받았다는 말이다. 아마 그 시점은 본장3절 "오라" 할 때 그 말과 동시에 받은 것 같다. 그런데 혹자는 하나님으로부터 허락을 받았다고 하는데 내용의 흐름상 흰말탄 적그리스도로부터 허락을 받아 살육과 전쟁을 벌인 것이 맞다.

한편 '화평을 제하여 버리며'에 해당하는 헬라어 '라베인(람바노=취하다) 텐 에이레넨(화평)'은 목적을 나타내는 부정 과거 부정사 구문으로 '화평을 제거하기 위해'라는 의미를 갖는다. 이는 붉은 말을 탄 자의 사명이 전쟁이나 살륙을 통해서 화평이 사라지게 하는 것임을 나타낸다. 다시 말해 전쟁이나 살육을 하면 평화가 사라지게 되어있다.

'서로 죽이게 하고'있는데 이에 해당하는 헬라어는 '카이 히나 알렐루스(알렐론=서로) 스팍수신(습하조=살육하다.도살하다)'로 여기서 "스팍수신"은 "습하조"의 목적을 나타내는 미래 능동태이다. 여기서 "스팍수신"이 현재 진행형이 아닌 미래에 서로 죽이게 한다는 말임으로 이는 미래의 종말의 때에 전쟁시 철저하게 끝까지 전쟁을해 전쟁을 반드시 완수할 것을 묘사하는 말이다. 즉 종말의 때에 전쟁이 있게 되는데 그때 사람을 도살 하듯이 잔인하게 죽여 전쟁을 반드시 완수 한다는 말이다.

한편 '큰 칼을 받았더라'의 헬라어 '마카이라(칼) 메갈레(메가스=큰)'는 실제로 큰 칼을 받은 것을 말한다. 칼이 작으면 몇 명을 죽이지 못한다. 그런데 본 절은 큰 칼이라 하니 이는 많은 사람을 전쟁으로 죽여 살육해 수 많은 피를 흘리게 할 것을 말하는 말이다.

관용어적으로 말과 칼은 전쟁을 말하는 관용어이고, 붉은 말은 전쟁 중에 수많은 사람들의 피를 흘리게 하는 것을 말한다.

검은 말과 저울

계시록 6장 5절을 보면 "셋째 인을 떼실 때에 내가 들으니 셋째 생물이 말하되 오라 하기로 내가 보니 검은 말이 나오는데 그 탄 자가 손에 저울을 가졌더라"하며 예수님이 셋째인을 떼자 셋째 생물인 사람 얼굴을 가진 생물이 나와 "오라"하니 검은 말이 나왔다고 한다. 그런데 지금 이 상황은 계9:5~6절 상황으로 예루살렘 포위시 백성들이 당하는 식량 부족으로 인한 기근상항을 말하는 말이다.

'검은 말'이라는 말의 헬라어 "힙포스(말) 멜라스(검은)"는 슬픔과 기근을 나타내는 것으로 우리가 초상집에 갈 때 검은 옷과 검은 리본을 달고 가는데 이는 죽음을 상징한다. 또한 대지도 너무 햇볕이 뜨거우면 검게 대지가 탄다. 이렇게 검은 것은 기근이나 슬픔이나 애곡을 상징하는 말이다. 그래서 검은 말은 "슬픔과 애곡과 황폐와 기근"을 상징하는 말로 기근은 전쟁 중에 또는 전쟁 후에 있는 흉년을 말하는 말이고, 애곡은 전쟁 중에 수많은 사람이 죽었기에 슬퍼 애곡 하는 것을 말한다.

한편 '손에 저울을 가졌더라' 하고 있는데 저울은 공평을 상징하는 말로 이는 전쟁 중이나 후에 식량사정이 좋지 않거나 기근이 심할 때 배급을 공평하게 나누어 줄 때 사용하는 도구로 전쟁이나 기근의 상황을 묘사하는 말이다.

관용어적으로 검은말은 죽음이나 기근을 말하는 말이고 저울은 배급을 나누어 줄 때 공평하게 나누어주는 도구이다.

감람유와 포도주는 해치지 말라

계시록 6장 6절을 보면 "내가 네 생물 사이로부터 나는 듯한 음성을 들으니 이르되 한 데나리온에 밀 한 되요 한 데나리온에 보리 석 되로다 또 감람유와 포도주는 해치치 말라 하더라"하며 내가 네 생물 사이로부터 나는 듯한 음성을(호스(같이) 포넨(음성) 들었다고 하는데 이는 요한이 예수님이 하시는 음성을 들은 것이다. 그러므로 6절은 예수님이 하신 음성이다.

주님은 말씀하시길 '한 데나리온에 밀 한 되요 한 데나리온에 보리 석 되로다'하셨는데 여기서 '한 데나리온'에 해당하는 헬라어 '데나리우'는 가격을 나타내는 소유격으로 로마의 화폐 단위였던 한데나리온은 특별한 기술이 없는 일반 노동자의 하루 품삯에 해당하는 화폐가치였다(마20:2). 또한 '되'의 헬라어 '코이니케스(건량의 척도, 되)'는 건강한 남자의 하루 식량을 나타내는 고대 단위이다. 따라서 하루 종일 일한 품삯을 가지고 겨우 밀 한 되나 보리 석 되 밖에 살수 없다는 것은 엄청난 기근임을 시사한다. 당시 팔레스틴지방의 평균 물가의 12~16배 나 되는 가격으로 이것은 기근으로 인해 발생한 엄청난 인플레이션을 암시하는 것이다.

　주님은 또 말씀하시길'또 감람유와 포도주는 해치말라 하더라'고 말씀 하셨는데 이 말씀은 계시록의 최대 난해 구절로 아무도 해석을 하지 못하고 있는데 공동번역엔 '올리브 기름이나 포도주는 아예 생각하지도 말아라'고 해석하고 있다. 다시 말해 당시 올리브 기름이나 포도주는 극상품으로 일반 노동자나 가난한자는 쉽게 접할 수 없는 상품이다. 그러므로 당시 한 데나리온으로 밀 한되나 보리 석되 밖에 못사는데 그때는 가격 폭동이 일어나 그 돈으로는 올리브와 포도주를 산다는 것은 꿈도 꾸지 말라는 말이다. 왜냐하면 너무 비싸기 때문이다. 그러므로 이는 예루살렘 포위로 인해 물가 상승이 일어나 얼마나 많이 인플레이션이 발생했는지를 짐작할수 있게 하는 것이다. 즉 그때는 큰 기근이 있을 것이라는 말이다.

　그런데 여기서 해치지 말라는 말이 "메 아디케세스"인데 여기서 메는 '결코~~이 아니다'라 해서 현재 명령법에 대한 부정어로 이 단어는 이미 행동하고 있는 것을 중지 시킬 때 쓰는 명령어이다. 해치 말라는 말의 헬라어 "아디케세스"는 "아디카오", "불공평하다.해치다.손상시키다"에서 유래한 제1과거 가정으로 결코 손상시키지 말라는 말이다. 이렇게 가난한 자들은 가격폭동으로 보리와 밀을 사먹기도 어렵지만 부자들은 아직도 올리브와 포도주를 살 수 있다는 것이다. 그러므로 이런 기근에도 부자들은 사치품을 즐길 정도이기에 예루살렘 5개월 포위 때는 그래도 조금 견딜만 한 시기라는 것이다. 그러나 이런 시기에 가장 고통스러운 존재들은 하루 품삯을 먹고 사는 노동자들이다. 왜냐하면 그들은 인플레이션으로 인해 올리브와 포도주는 엄두도 내지 못하기 때문이다. 그러므로 이 시기는 노동자들이나 부자들이나 그래도 견딜만한 기근이 닥친다는 것이다. 왜냐하면 인플레이션은 발생했어도 하루 일을 해서 밀이나 보리는 살수 있었고 또한 부자들은 아직도 사치품을 즐길 정도의 감람유와 포도주는 있었기 때문이다.

관용어적으로 예루살렘 5개월 포위시 가장 힘든 고난의 행군을 보내는 자들은 노동자들이다.

청황색 말과 땅 사분의 일과 검과 흉년과 사망과 짐승들

계시록 6장 7, 8절을 보면 "넷째 인을 떼실 때에 내가 넷째 생물의 음성을 들으니 말하되 오라 하기로, 내가 보매 청황색 말이 나오는데 그 탄 자의 이름은 사망이니 음부가 그 뒤를 따르더라 그들이 땅 사분의 일의 권세를 얻어 검과 흉년과 사망과 땅의 짐승들로써 죽이더라." 하며 예수님이 네 번째 인을 떼자 네 번째 독수리 생물 천사가 나타나 "오라" 하자 청황색 말 탄 자가 나왔다. 그런데 그가 지나간 자리엔 온갖 죽음만이 뒤따랐다. 먼저 이 시기를 간단하게 언급하면 예루살렘이 5개월 포위당한 후, 이슬람에 의해 정복된 것을 말한다. 이때 시간은 목요일 오전 6시 정도가 될 것이다. 왜냐하면 주님의 승천이 목요일 오전 6시 정도였기에 이때 공중 재림이 일어난다. 이 부분은 저의 책 계 11:12절을 반드시 참고하라. 그리고 공중 재림이 일어난 후 곧 바로 예루살렘이 정복된다(마 24:15).

'청황색 말'이 나오는데 '청황색'은 헬라어로 '클로로스(녹색을 띤 또는 암갈색의, 창백한)'는 누르스름한 녹색으로 창백한 모습을 암시한다. 창백한 색은 질식으로 죽은 시체에서 띠는 색인데 이는 전쟁 중 전염병으로 죽은 시체를 말한다. 또한 '탄 자의 이름은 사망'이라 하는데 이는 의인화된 표현으로 근본적으로는 '죽음'을 말한다. 여기서 '사망'에 해당하는 헬라어 '다나토스(죽음)'는 '드네스코(죽다 2348)'에서 유래된 말로 죽음을 말하는 말인데 이 말이 70인 역 '온역'을 의미하는 히브리어 '데베르(전염병)'을 만나며 '온역'으로 번역된다. 그런데 온역은 흔히 전쟁과 기근에 이어 나타나는 전염병이다(겔 14:21). 그러므로 이 말은 청황색 말이 지나간 자리에는 온갖 전염병으로 죽은 시체만 나뒹군다는 말이 되는 것이다.

한편 '음부'의 헬라어 '하데스(음부)'는 부정 접두어 '아(아니다)'와 '보이다, 보다, 깨닫다, 생각하다, 쳐다보다, 알다, 지식을 갖다'라는 의미의 '에이도'의 합성어로 문자적으로 '보이지 않는 사람들'을 의미한다. 이는 죽어서 음부에 갔기에 보이지 않는 것이다. 그런데 음부라는 하데스는 구약적 개념과 신약적 개념이 다르다. 구약에서 음부는 스올이라 해서 무덤을 의미하는 말이고, 신약에서는 불신자가 죽은 후 심판을 받기 위해 대기하는 장소를 의미한다. 그런데 본 절에서 음부는 구약적 개념인 무덤을 의미한다. 다시 말해 청황색 말이 지나간 자리엔 수많은 사람들이 온역으로 죽어 그 사람들이 무덤에 묻혔기에 무덤만 즐비하더라는 말이다. 그러므로 이는 수많은 사람들이 죽어 무덤 속에 장사지내겼다는 말이다.

'그들이 땅 사분 일의 권세를 얻어' 라고 하며 '그들'이라는 복수로 나온다. 지금까지는 단수로 등장했는데 이제는 복수로 등장한다. 이는 그동안 예루살렘을 정복할 때까지는 그들이 각각 맡은 지역에서 전쟁을 했는데 예루살렘 정복 후에는 그들 네 마리의 말이 한꺼번에 역사하기 시작했다는 말이다. 다시 말해 적그리스도인 흰말의 지시를 받아 이제 예루살렘 정복 후에는 본격적으로 같이 활동하기 시작해 많은 사람들을 죽였고 그 결과 땅 사분의 일을 정복 했다고 한다. 그래서 '그들이 땅 사분 일의 권세를 얻었더라.' 라고 되어 있는 것이다.

그런데 여기서 '땅 사분 일'이라는 말은 '테탈톤'이라 해서 이 말은 '테탈토스(서수 네 번째)'라는 말에서 유래가 되어 4분의 1을 의미하기도 하지만 또한 서수가 네 번째이기에 "땅의 4번째 권세 즉 통치권을 받았다."는 말로 이는 땅을 네 번째로 많이 통치하는 권세를 가졌다는 말이다. 왜냐하면 "그들이 땅 사분의 일의 권세를 얻어" 라는 말의 헬라어 '에도데(주다) 아우토이스(그들에게) 엑수시아(권세) 아포크테이나이(죽음) 에피(위에) 토 테탈톤(4번째) 테스 게스(땅들)'는 '그들에게 땅들 네 번째 위에 죽일 권세를 주었다.' 라는 말로 되어 있기 때문이다. 여기서 죽일 권세를 주었다는 말은 정복할 권세를 주었다는 말이다.

그러므로 이 말은 이슬람이 네 번째로 많은 땅을 정복했다는 말이 되는 것이다. 즉 4분의 1의 권세라는 말이 땅의 4분의 1을 차지했다는 말도 되지만 네 번째로 많은 땅을 정복해 통치했다는 말도 된다. 왜냐하면 온 땅의 4분의 1을 정복하는 것은 곧 역사상 네 번째로 많은 땅을 정복한 것이 되기 때문이다. 첫 번째로 많은 땅을 정복한 사람은 알렉산더이고, 두 번째는 로마인데 로마는 알렉산더가 정복한 땅의 두 배를 더 정복했다고 한다. 세 번째는 칭기즈칸으로 그는 로마보다 두 배나 더 정복했다고 한다. 그런데 본 절에 나오는 적그리스도와 그의 일행은 칭기즈칸보다 두 배나 더 정복하는 세계의 4분의 1을 정복하는 네 번째 정복자가 되었다는 말이다. 그래서 통치권을 말하는 엑수시아를 쓴 것이다. 즉 엑수시아는 권능이 아닌 권세로 통치권을 말한다. 이는 그들이 땅 사분의 일을 차지하고 그것을 다스리는 권세를 가졌다는 말이다. 그러므로 이 말은 그들이(이슬람) 네 번째로 많은 땅을 정복해 통치할 것 이라는 말이 되는 것이다.

　"검과 흉년과 사망과 땅의 짐승으로써 죽이더라." 하고 있는데 그들 즉 적그리스도와 그 말 탄 자들이 정복과정에서 수많은 사람들을 죽이고 또한 정복해서 죽이는 것을 말하는 말로 이 시기는 5개월 대량 학살 시기로 이들이 이스라엘과 세계를 점령한 후, 검인 칼로 대량 학살을 하는 것을 뜻하는 말이고 흉년은 전쟁 후 굶주림으로 죽는 것을 말하고, 사망은 전쟁 후 발생한 온역 즉 전염병으로 죽는 것을 말한다. 짐승들은 계시록 13장의 두 짐승이 아닌 야수(현대어)로 굶주린 짐승들이 사람을 잡아먹는 것을 말한다. 그런데 만약 짐승들이 단수이면 적그리스도를 말하지만 복수이기에 이는 야수를 말한다. 예레미야는 이 말을 바벨론 멸망 시 빈번하게 사용했는데 예레미야가 파국을 선언할 때 이 말을 자주 사용했다(렘 32:36;겔 14:21). 이는 전쟁의 참상을 나타내는 관용어이다. 예레미야 32장 36절을 보면 예루살렘이 바벨론에 의해 멸망할 때도 이런 것들에 의해 멸망할 것을 예언했고, 또한 그렇게 예루살렘이 멸망을 받았다고 나온다.

관용어적으로 청황색 말은 전염병을 말하고, 땅 사분의 일은 네 번째로 많은 땅을 정복한 것을 말하고, 검과 흉년과 사망과 짐승들은 정복 과정과 정복 후에 검과 흉년과 전염병과 야수들에 의해 많은 사람들이 죽는 것을 말하는 것이다.

순교자들이 거하는 하늘의 제단

계시록 6장 9절을 보면 "다섯째 인을 떼실 때에 내가 보니 하나님의 말씀과 그들이 가진 증거로 말미암아 죽임을 당한 영혼들이 제단 아래에 있어"하며 이전까지는 인을 떼면 네 생물천사가 나와 부를 때 말탄자가 나와 전쟁을 일으켰는데 다섯째 인부터는 말탄자가 아닌 사람이 나온다. 네 번째 인까지는 적그리스도가 나타나 순식간에 예루살렘을 정복한후 땅 4분의 1까지 정복하는 것에 대하여 설명했는데 9절 부터는 이 전쟁시 성도들은 어떻게 되는지 설명하고 있다. 적그리스도가 예루살렘을 5개월 포위할 때 하늘에서는 한 징조가 보이는데 그것은 순교자들의 기도 소리가 들려온다. 이들의 기도 응답으로 휴거 사건인 공중 재림이 이루어 진다.

'하나님의 말씀(로고스)과 그들이 가진(에코) 증거로 말미암아 죽임을 당한 영혼들이'이들을 한마디로 말하면 순교자들 말하는데 이들을 공동번역에서는 "나는 하나님의 말씀 때문에 그리고 그 말씀을 증언했기 때문에 죽임을 당한 사람들의 영혼이"라 되어있다. 이들을 주석가들은 구약의 선지자들을 포함해서 초대교회 성도들만 말한다고 하는데 그러나 이들은 구약의 선지자들을 포함해서 예수님이 공중 재림하시기 전까지 주님을 증거하다 죽은 모든 순교자들 포함하는 말이다. 그런데 이들이 하늘 제단 아래에서 신원(원수 갚아 달라는 기도)의 기도를 하고 있다는 것이다.

"제단 아래에 있어"하며 순교자들의 영혼이 제단인 번제단 아래 있다고 나오는데 제단 아래는 구약에서 속죄제를 드린 후 남은 피를 번제단 밑 땅에 쏟아 땅에 스며들게 했는데 훗날 성전 건축 후에는 번제단 밑에 하수도가 있어 하수도를 통해 기드론 골짜기로 흘러 들어가게 했다. 그런데 순교자들의 영혼이 지금 이 번제단 아래 곧 피가 스며들던 땅위에 있다는 것이다(레4:7). 이는 순교자들의 피는 곧 속제의 번제로 드린 희생제물과 똑 같은 피라는 것이다. 즉 그들은 자신들의 피를 가지고 속제로 번제를 하나님께 드렸던 것이다. 그런데 본 절의 순교자들은 전삼년반 전까지의 순교자들로 공중 재림에 참여할 자들을 말하고, 후삼반에 제단에 있는 자들은 첫째부활에 참여해 지상 재림에 동참할 자들로 계15:2절을 보면 유리바닷이 있는 자들을 말한다. 어쨌든 확실한 것은 하늘 제단 아래 있는 자들은 다 순교자들이라는 것이다. 이렇게 볼 때 하늘의 제단은 유리바닷가를 말하는 것 같다. 왜냐하면 하늘에는 성전이 없다고 하기에 제단도 없는 것이다(계21:22). 그런데 본 절을 보면 하늘 제단이 있다고 나온다. 그러므로 그 제단은 유리바닷가를 말하는 것이다. 본 절의 제단이란 '뒤시아스테리온'이라 해서 번제단을 말한다. 이 부분은 저의 책 계15:2절과 계16:7절을 반드시 참고하라

관용어적으로 순교자들의 있는 장소는 하늘의 제단인데 그것은 유리 바닷가를 말한다.

순교자들의 신원기도

계시록 6장 10절을 보면 "큰 소리로 불러 이르되 거룩하고 참되신 대주재여 땅에 거하는 자들을 심판하여 우리 피를 갚아 주지 아니하시기를 어느 때까지 하시려 하나이까 하니"하며 순교자들이 '큰 소리로 불러 이르되'하고 있는데 이는 순교자들의 기도로 우리를 죽인 저 믿지 않는 자들을 심판하셔서서 우리의 원한(신원)을 언제 풀어줄 것이냐 하며 하는 기도이다.

그러면서 이 순교자들이 하나님을 대주재여 하고 부르는데 '대 주재여'라는 말은 헬라어로 '호 데스포테스(절대적 통치자,주,주인)'라는 말로 이 말이 후에 코이네(세계공통어) 헬라어가 되며 '퀴리오스'라 해서 '주'로 대처해서 사용되게 되는데 초기 아테네에서는 '퀴리오스'대

신 '데스포테스'로 쓰였다. 이 용어는 아테네에서는 노예의 주인들 즉 종이 주인을 지칭할 때 사용하는 용어로 절대적 권력과 소유권을 가진 자에 대한 호칭이었다(딤전6:2;딛2:9). 그런데 이러한 호칭은 신약성경에서 하나님과(2:29; 행4:24) 그리스도에게 동일하게 적용되었다(벧후2:1;유1:4). 본문에 사용된 이 칭호는 절대적인 권능을 가진 하나님을 지칭하는 말이다.

여기서 '땅에 거하는 자들'이란 사단에 속해 하나님을 거역하고 대적하는 세상에 거하는 사람들을 말한다. 또한 '우리 피를 갚아 주지 아니하시기를 어느 때까지 하시려 하나이까' 하며 "우리의 피를" 하고 있는데 이는 순교자들이 흘린 피를 말한다. 그리고 '갚아 주지 아니하시기를'로 번역된 헬라어 '에크디케이스(신원)'는 구약 성경이나 신약성경에서 형벌과 보복과 연관된 용어로 복수를 말하는 말이다. 그러므로 순교자들은 지금 기도하길 무고하게 피를 흘리게 한 악인들에게 보응의 심판을 해달라고 제단아래에서 지금 하나님께 탄원하고 호소하며 기도하고 있는 것이다. 이는 순교자들이 자비가 없어서 이렇게 말하는 것이 아니라 이 말은 구약의 관용어구를 인용한 말로(창4:10) 유대인들은 억울한 피는 땅 속으로 스며들지 않고 하늘을 향해 복수를 호소한다는 고대 사상에서 나온 말로 억울한 일을 정당하게 법에 간절히 호소하는 것을 말한다. 또한 악인에 대한 하나님의 심판은 신약성경에 나타나는 중심 사상 가운데 하나이다(눅23:34;롬12:19).

관용어적으로 순교자들이 복수를 원하는 신원기도를 하는데 이는 악인에 대한 하나님의 심판은 신약 성경의 중심사상 이기 때문이다.

공중혼인 잔치

계시록 6장 11절을 보면 "각각 그들에게 흰 두루마기를 주시며 이르시되 아직 잠시 동안 쉬되 그들의 동무 종들과 형제들도 자기처럼 죽임을 당하여 그 수가 차기까지 하라 하시더라"하고 있는데 "계6:9~11절의 이 시기는"계6:7~8절의 검은말 시기와 오버랩으로 겹치는 시기라 볼 수 있다.

그런데 여기서 "주시며"라는 말이 헬라어 '에도데'로 되어 있는데 이 '에도데(ἐδόθη)'는 '디도미(주다)'의 부정과거 수동태로 부정과거는 앞에서 여러분 설명을 드렸지만 과거에 딱한번 있었던 사건을 말하고, 수동태는 누군가가 수여한 것을 말하는 말이다. 본 절을 보면 "주시며" 하고 있기에 지금(현재) 흰옷을 주는 것 같이 보이지만 그러나 문법적으로 볼때는 이미 공중재림의 관복인 흰옷을 이미 과거 어느 한 시점에서 주셨다는 것이다. 이는 이미 공중재림이 이전에 이루어졌다는 뜻이다. 그러면 그 시점은 어디인가? 계6:8절을 보면 "내가 보매 청황색 말이 나오는데 그 탄 자의 이름은 사망이니 음부가 그 뒤를 따르더라 그들이 땅 사분의 일의 권세를 얻어 검과 흉년과 사망과 땅의 짐승들로써 죽이더라"하고 있음으로 이때 이미 공중재림이 이루어 진것이다. 그러므로 계6:7~8절에 이미 공중재림이 이루어 졌고 이때 흰옷을 준 것이다. 본장 7~8절을 반드시 참고하라 여기서 '흰 두루마기'에 해당하는 헬라어 '스톨레 류케'는 '비품을 마련하다.급히 설치하다'를 의미하는 헬라어'스텔로'에서 파생된 표현으로 '옷들을 차려 입는 것'을 의미하는 "겉옷.긴옷"이란 뜻을 가지고 있는데(계3:4;계4:4;계7:9,계13:19:14;막12:38), 흰옷은 천국과 공중 재림의 관복이라는 관용어적 뜻을 가지고 있다. 그러므로 하나님께서 순교자들에게 흰 두루마리를 이미 주셨다는 것은 공중혼인 잔치 즉 휴거인 재림이 이미 일어났다는 말이다.

　　또한 '잠시 동안'에 해당하는 헬라어 '에티(아직.그 이후에) 크로논(시간) 미크론(잠시)'은 시간의 연속을 나타내는 목적격으로 동일한 사건의 연장 속에서의 휴식을 의미한다. 여기서 동일한 사건의 연장 속에서 휴식이라는 말은 순교자들이 제단 아래에서 계속 기도하고 있다가 비로소 휴식이 주어졌다는 말이다. 휴식이란 잠깐을 의미하는 말로 고속 도로 휴게소와 같이 잠깐 쉬었다 가는 것을 말한다. 공중혼인 잔치가 그렇다 공중에서 계속 머무르는 것이 아니라 잠시인 약 삼년반동안 공중에서 혼인잔치에 참여했다가 다시 지상 재림에 참여하는 것이다. 그리고 그후 천년왕국에 들어가는 것이다. 그러므로 잠시 동안 쉬라는 말은 공중혼인 잔치를 의미하는 말인 것이다. 또한 '크로논'이라는 말이 하나님의 시간이 아닌 사람의 시간을 의미한다. 공중 혼인 잔치인 3년 반 휴거는 사람의 시간에 해당하는 것이다. 그러므로 잠시 쉬라는 말은 공중혼인 잔치에 참여해서 3년반이란 고속도로 휴게소에서 잠깐 쉬는 것을 말하는 말이다.

또한 "그들의 동무 종들과 형제들도 자기처럼 죽임을 당하여"하고 있는데 여기서 동무 종들이란 '쉰둘로스', '같은 주인을 섬기는 자'라 해서 본 절의 순교자들과 같이 복음을 전하다 순교한자들을 말하는 말로 이는 후 삼년반에 복음을 전하다 순교 당할 전도자들을 말하는 말이고, 형제들은 평신도로 후 삼년반에 666표를 받지 않고 믿음을 지키다 순교할 자들을 말하는 말이다. 또한 '자기처럼 죽임을 당했다'는 말은 본 절의 이들이 순교자가 되어 공중 재림에 참여한 것처럼 후 삼년반에도 이런 순교자들이 나올 것이라는 말이다.

또한 '차기까지'에 해당하는 헬라어는 '플레로도신'은 '내적 충만을 말하는 "가득차다.마치다.다하다"라는 뜻을 가진 '플레로오'의 미래 부정을 나타내는 부정 과거 가정법으로 '완성되었다'라는 뜻을 가지고 있다. 그러므로 "그 수가 차기까지 하라"는 말은 후 삼년반의 순교자들이 가득 채워질 때까지(충만) 본 절의 너희 순교자들은 공중 혼인 잔치에서 3년반 동안 안식(휴식.고속도로 휴게소)하라는 말이다.

계시록 4, 5장의 예배와 축제에서는 순교자들이나 공중 재림에 참여한자들의 기도나 찬양이 나오지 않고 네 생물과 24장로와 피조물과 천군천사의 찬양만 나온다. 이는 아직 공중 재림이 이루어지지 않았기 때문에 순교자들이나 공중 재림에 참여한 자들의 기도나 찬양이 나오지 않는 것이다. 그러나 계6장 이후엔 유리바닷가(후 삼년반 순교자들) 있는 순교자들과 시온산(공중혼인 잔치에 참여한 자들)에 있는 자들의 기도나 찬양이 나온다. 이는 휴거가 이루어 졌기에 전삼년반 이전에 순교한자들이 시온산인 공중혼인 잔치에 참여해 찬양하는 것이며 후 삼년반에 순교한자들은 유리바닷가에서 찬양 하는 것이다.

관용어적으로 순교자들에게 흰 두루마기를 주시며 이르시되 아직 잠시 동안 쉬되라는 말은 공중혼인 잔치에 참여해 잠시 쉬라는 말이다.

우주의 지옥화

계시록 6장 12절을 보면 "내가 보니 여섯째 인을 떼실 때에 큰 지진이 나며 해가 검은 털로 짠 상복 같이 검어지고 달은 온통 피 같이 되며"하며 예수님이 여섯째 인을 열자 '큰 지진'이 났다고 하는데 지진은 관용어적으로 형벌의 집행을 나타내는 용어이다. 그런데 이렇게 지진이 났다는 뜻은 형벌이 집행 되고 있다는 뜻이다. 이전까지 한번도 지진이 났다는 말이 나오지 않았다. 그런데 본 절에 와서 지진이 처음 등장한다. 그것도 '큰 지진'인 '세이스모스(지진) 메가스(큰)'가 났다는 것이다. 작은 지진도 형벌의 집행을 말하는 말인데 더군다나 '큰 지진'이 났다고 함으로 이는 형벌의 집행중에도 큰 집행을 말하는 말로 이는 우주가 지옥이 되는 과정을 설명하는 우주의 지옥화를 말하는 말이다. 성경에서는 우주와 흑암과 음부와 지옥을 같은 장소로 본다(요12:31,요16:11,마16:18,마4:16,골1:13,창1:2,유1:6,벧후2:4).

'해가 검은 털로 짠 상복 같이 검어지고'할 때 이 말에 해당하는 헬라어 '헬리오스(해) 에게네토(되다) 메갈스(검다) 호스(같이) 삭코스(거친

베옷.옷) 트리키노스(털.털로만든)'에서 '삭코스'는 '사코스'에서 파생된 단어로 '물건을 담는 자루,머리에 쓰는 질 나쁜 옷감'을 의미한다. 이는 검정색 염소 털로 만든 옷으로 고대로부터 슬픔을 표시하는데 사용되는 옷이었다(사50:3). 다시 말해 오늘날도 그렇지만 검정 옷은 고대로 부터 죽은 사람이 있을 때 슬픔을 표시하기 위해 입는 옷인데 그런데 "해"가 상복을 입었다는 것은 결국 해가 죽었다는 말이다.

또한 '달은 온통 피 같이 되며'하고 있는데 이 말은 '셀레네(달) 홀로스(온,전체) 에게네토(되다) 호스(같이) 하이마(피)'라는 말로 '달이 피가 되었다'라는 말로 피는 전쟁에서 죽음을 상징하는 말이기에 이는 달의 죽음을 말하는 말이다.

관용어적으로 해가 검은 옷을 입고 달이 피가 되었다는 말은 우주가 지옥화 되는 과정을 설명하는 말이다. 이 부분의 저의 책 계19:20절을 반드시 참고하기 바란다.

별들의 죽음

계시록 6장 13절을 보면 '하늘의 별들이 무화과나무가 대풍에 흔들려 설익은 열매가 떨어지는 것 같이 땅에 떨어지며'하고 있는데 계시록은 친절하다고 앞에서 말씀드렸다. 그래서 자세히 설명하기 위해 반드시 두 세번 반복해서 나오는데 유독 본장12절~17절까지는 반복되지 않고 처음이자 마지막으로 등장한다. 이는 본장이 계시록의 결론으로 최후의 심판후 우주가 지옥화 되는 과정을 설명하는 장이기 때문이다. 그래서 계6장을 계7~22장까지 개론 또는 총론이라 하는 것이다.

본 절은 하나의 비유인데, 천체(우주)의 별들이 떨어지는 것을 마치 큰 바람에 무화과 나무의 설익은 과실들이 떨어지는 것에 비유하고 있다. '설익은'에 해당하는 헬라어 '투스 올륀두스(제철이 아니므로 익지 않은 무화과) 아우테스(3인칭 대명사)'는 잎이 나오기 전에 겨울에 맺히는 푸른 무화과로 약한 바람에도 모두 떨어지는 설익은 무화과를 가리킨다.

나무에서 열매가 떨어질 때 익은 열매는 씨도 익었기에 다음해에 다시 그 씨에서 생명이 나올 수 있다. 그러나 설익은 열매는 열매가 익지 않았기에 열매를 먹지 않고 버리는데 씨도 역시 익지 않았기에 버려져 죽게 된다. 그런데 본 절을 보면 하늘의 별들이 설익은 열매처럼 떨어진다고 했다. 이는 별들의 죽음을 말하는 말이다. 혹자는 이 별들을 목회자의 타락으로 보는데 본장은 상징적인 장이 아니라 실제상황을 그대로 비유로 표현한 것으로 이는 하늘의 별들이 실제로 땅에 떨어지는 것을 말하는 절이다.

하늘의 별들이 땅에 떨어졌다는 말을 헬라어로 '아스테레스(별) 투 우라누(하늘) 에페산(핍토=떨어지다) 에이스(안에.에) 텐 겐(땅)'이라는 말로 이는 별들이 실제로 땅으로 떨어졌다는 말이다. 그런데 12~13절을 보면 해,달,별이 사라졌다고 하지 않고, 땅으로 떨어졌다고 나온다.

이는 모든 우주의 해, 달을 포함한 별들이 땅으로 떨어져 뭉쳐 뒤 섞였다는 말로 이는 우주가 지옥으로 돌변하는 과정을 설명하는 것이다. 여기서 우리가 반드시 주의해서 볼 것은 해,달,별들이 계21:1절 처럼 사라졌다고 하지 않고 땅으로 떨어졌다고 하는데 관심을 가져야 한다. 왜냐하면 이 땅을 중심으로 우주가 후에 지옥이 되기 때문이다. 그래서 해,달,별,지구가 사라지지 않고 땅으로 떨어졌다고 하고 있는 것이다.

관용어적으로 별이 설익은 열매가 떨어지듯 맥없이 땅으로 떨어졌다는 말은 별들의 죽음을 의미하며 우주가 지옥화되는 것을 설명하는 말이다.

산과 섬은 이동하는 것이지 떨어지지 않는다.

계시록 6장 14절을 보면 "하늘은 두루마리가 말리는 것 같이 떠나가고 각 산과 섬이 제 자리에서 옮겨지매"하며 대 지각 변동이 일어나고 있는 것을 본장 12~14절까지 기록하고 있는데 이렇게 대 지각 변동은 두 차례에 걸쳐 일어나는데 1차 대 지각변동은 천년왕국을 건설하기 위해 땅에서 일어나는 계16:17~21절을 말하고, 2차 우주적 대 지각변동은 지옥을 만들기 위해 일어나는데 본장12~14절의 내용이다. 본장 12~14절 시기는 정확히 말해 아직 지옥이 완성된 것이 아니라 지옥이 창조되는 과정으로 백보좌 심판전인 지옥 창조시점인데 아마 이때 새 예루살렘도 완성이 될 것이다(겔38:19~23.계20:9).

"하늘은 두루마리가 말리는 것 같이 떠나가고"하고 있는데 여기서 '떠나가고'에 해당하는 헬라어 '아페코리스데'는 '분리하다.격리하다'는 의미를 지닌 '아포코리조'의 부정과거 수동태로 말지 않은 두루마리 종이를 반으로 자르면 한쪽으로 말리는 현상을 나타낸다(사34:4). 이는 하늘이 진공청소기나 블랙홀 상태에 빨려 들어가는 상태를 말하는 것으로 쉽게 말해 하늘이 두루마리 화장지처럼 해.달.별.땅이 서로 뒤죽박죽 섞이는 것을 말한다. 이렇게 하늘이 뒤죽박죽 섞이게 되면 우주는 대폭발이 일어나 불덩어리가 될 것이다. 이렇게 우주가 불덩어리가 된 것을 가리켜 지옥이라 한다. 지금 본장 12~14절은 바로 이것을 설명하고 있는 장이다.

"각 산과 섬이 제 자리에서 옮겨지매"라고 되어 있는데 이 말을 헬라어로 '판(모든) 오르스(산) 카이 네소스(작은 섬) 에크(~부터.에서) 톤 토폰(장소,위치.자리) 아우톤(3인칭 대명사) 에키네데산(키네오=이동하다)' 본장 12~13절을 보면 "해,달,별"은 죽음이란 표현을 썼지만 산과 섬인 땅은 최후의 심판이 있은 후 지옥화가 되기에 "땅은 죽음이란 표현을 쓰지 않고" '키네오', '이동하다'라는 뜻을 가진 '옮겨진다'라고 말하고 있다. 왜냐하면 땅을 중심으로 우주가 지옥으로 탈바꿈하기 때문에 "각 산과 섬이 제 자리에서 옮겨지매"하며 '옮겨진다'고 하고 있는 것이다. 해달별이 지구로 떨어지고 지구와 우주가 합쳐지는 우주 대지각 변동이 일어나면 지구는 우주처럼 팽창해 커지게 되는데 그러면 우주가 곧 지구이며, 우주가 곧 지옥이 되는 것이다. 지옥은 이렇게 지구뿐 아니라 우주로 확대가 되는 것이다.

관용어적으로 하늘이 두루마리처럼 말린다는 말은 우주와 땅이 뒤섞이는 것을 말하고 산과 섬이 제 자리에서 옮겨지는 이유는 땅을 중심으로 우주가 지옥화가 되기 때문이다.

최후의 심판을 피할자는 없다.

계시록 6장 15절을 보면 "땅의 임금들과 왕족들과 장군들과 부자들과 강한 자들과 모든 종과 자유인이 굴과 산들의 바위 틈에 숨어"하며 본 절에는 일곱 계급의 사람들이 열거되고 있다. 7은 완전수이기에 7계급은 하나님을 대적한 모든(파스) 자들을 말하는 것으로 이 땅은 무전유죄, 유전무죄가 통하지만 최후의 심판 자리에서는 지위고하, 남녀노소를 막론하고 백보좌 심판을 피할 수 없게 된다. 보좌에 대한 부분은 저의 책 계3:21절을 참고하기 바란다.

7계급을 구체적으로 살펴보면

첫 번째 계급은 '땅의 임금들(바실레이스 테스 게스)'이다. 여기서 '땅'이라는 언급이 들어감으로 이는 예수님을 믿지 않는 불신자를 말하는 말이며 또한 '임금들'은 권력을 가진 왕들을 말하는 말로 결국 이는 하나님을 대적하는 모든 왕들을 말하는 말이다.

두 번째 계급은 '왕족들'이다. 여기서 '왕족들'에 해당하는 헬라어 '호이 메기스타네스(고관들.귀족들)'는 최상급을 나타내는 헬라어 '메기

스토스(가장 큰)'에서 파생된 단어로 임금에 버금가는 권력을 소유한 자들을 말하는 말로 지금의 위정자(정치인)들을 말하는 말이다.

세 번째 계급은 '장군들'이다. 이에 해당하는 헬라어 '호이 킬리알코스(천부장)'는 보병 약 600명을 지휘하는 '군단의 지휘관'으로(막6:21; 19:18) 지금의 고위 장교들을 말한다.

네 번째 계급은 '부자들'이다. 이에 해당하는 헬라어는 '플루시오스(풍부한 부유한)'로 이들은 앞서 언급된 권력을 지닌 지배층과는 달리 경제적으로 유력한 계층을 가리킨다.

다섯 번째 계급은 '강한 자들'이다. 이에 해당하는 헬라어는 '뒤나토스(가능한,할 수 있다,힘 있는)'인데 이 말은 뒤나미스에서 유래가 되었는데 뒤나미스는 '뒤나마이(능력있다.가능하다1410)'에서 유래가 된 말로 이 말은 아틱어(고대 그리스어)에서는 '힘,능력'이라는 말로 사용되었으나 호머(주전500년) 이후에는 '군사력.청지력.체력'으로 사용되었다가 70인역에서는 군사력을 말하는 말로 사용되었다. 신약에 와서도 이 말은 군사력적인 힘으로 사용되어 권능으로 해석되고 있다. 그런데 권능이란 권세를 사용할 때 나타나는 힘을 말한다. 그러므로 본 절의 강한자들이란 평민들 중에 마을에서 제력과 정치력을 가진 자들로 지주들을 말한다고 볼 수 있다.

여섯 번째 계급은 모든 종들이다. 이에 해당하는 헬라어 '둘로스(

종.노예)"는 데오(묶다)에서, 아니면 델로(올가미에 걸다,생포하다)에서 유래했으며 '노예,종'을 의미한다. 둘로스는 고대에서나 지금이나 똑 같이 자기 자신의 자유가 파기되고 다른 사람의 뜻에 자기의 뜻을 복종시킨다는 의미로 사용되고 있다. 둘로스는 자기 자신을 다른 사람의 의지에 내맡긴 자로서, 자기 자신에 속해 있지 아니하고 어떤 다른 사람에게 속해 있는 것을 말한다. 대체로 노예의 삶은 집안일이나 공무에서 노동과 봉사가 강요되는 삶이었다. 그러므로 모든 종들이란 사회적으로 최약체로 가장 천대 받는 하층 계급으로 인권이 유린당하는 자들을 말한다.

일곱 번째 계급은 자유인이다. 이에 해당하는 헬라어 '엘류데로스(자유인.노예가 아닌)'는 엘코마이(가다.오다)에서 유래된 말로 이는 어떤 속박으로부터 자유로움을 나타냄으로 이들은 상류층과 하류층인 천민도 아닌 지금으로 말하면 중류층인 서민들을 말한다.

관용어적으로 7계급은 최후의 심판 때 불신자들로 그 누구라도 누락되지 않고 모두 다 완벽하게 심판 받을 것을 말하는 말이다.

굴과 산들의 바위 틈에 숨어

계시록 6장 15절을 보면 "땅의 임금들과 왕족들과 장군들과 부자들과 강한 자들과 모든 종과 자유인이 굴과 산들의 바위 틈에 숨어"하고 있고, 마24:16절을 보면 "그 때에 유대에 있는 자들은 산으로 도망

할지어다"하며 산으로 도망가라 하고 있는데 유대인들에게는 산이 각별한 의미를 지닌다. 즉 그들은 산을 하나님의 보호와 도움(구원)의 근원지로 생각하였다(시11:1). 왜냐하면 팔레스타인의 산에는 적들을 피할 수 있는 안전한 굴들이 많이 있었기 때문이었다. 또한 구약시대 때 십계명을 받은 곳도 산이었고(출19:1~25), 모세가 하나님을 만난 곳도 산이었다(출3:1~12). 그리고 예수의 핵심 설교인 산상 수훈도 역시 산에서 이루어졌다(마5~7장).

아무튼 이 경고에 의해 초대 교회 성도들은 자신들의 생명을 보존한 적이 있다. 즉 A.D.68년 로마의 베스파시안 황제가 예루살렘을 공략했을 때 성내에 거주하던 그리스도인들은 예수의 경고를 기억하고 모두 요단강 계곡에 위치한 베레아 지역의 펠라라는 곳으로 피신함으로 화를 면했다.

또한 "굴과 산들의 바위 틈에 숨어"하며 7계급의 사람들이 이곳에 숨었다고 하는데 이들이 이렇게 산속의 굴과 바위틈에 숨은 이유는 산은 관용어적으로 보호와 도움(구원)의 근원지로 여겼기 때문이다. 즉 그곳으로 도망가면 숨을 곳이 많았기에 산으로 도망가면 어느 시기에도 다윗과 그의 일행처럼 살아남을 수 있었기 때문이었다. 그래서 최후의 심판 때도 7계급의 사람들은 산에 숨어 최후의 심판에서 벗어나 살아남기를 소망하고 있는 것이다. 그러나 최후 심판의 자리에서는 이런 요행은 통하지 않게 된다. 그러자 그들은 16절에 죽기를 소망한다.

관용어적으로 유대인들에게 있어서 산은 하나님의 도움과 보호가 있는 안전한 곳을 의미한다. 그래서 그들은 산속의 동굴과 바위틈에 숨어 최후의 심판을 면하고자 했던 것이다.

최후의 심판 자리에 선 악인들의 절규

계시록 6장 16절을 보면 "산들과 바위에게 말하되 우리 위에 떨어져 보좌에 앉으신 이의 얼굴에서와 그 어린 양의 진노에서 우리를 가리라." 하고 있는데 본장 15~17절은 7계급의 사람들이 지금 천 년 수면에서 깨어나 최후의 심판을 받기 위해 대기 중이다. 그런데 그 대기 중에 본장 12~14절의 현장을 목격하게 된다. 그러자 그들은 차라리 피했던 산과 굴이 무너져 영혼이 영원히 죽을 수 있다면 죽어 최후의 심판을 면할 수 있으면 하고 절규를 하고 있는 것이다.

그런데 이들의 절규를 보게 되면 우리나라 사람처럼 자기 생명을 끊는 자살을 선택하지 않고 산들과 바위들을 향해 그것이 우리 위에 떨어져 죽게 해달라고 기도하고 있다. 이는 당시 이스라엘 사람들은 제6계명인 '살인하지 말라.'라는 말을 '자살하지 말라.'는 말로 받아들여 이스라엘에서는 율법적으로 자살이 금지되어 있다. 그래서 이스라엘 사람들은 자살을 하지 않는다. 그래서 본 절처럼 이런 급박한 상황에서도 열왕기상 19장 4절의 엘리야처럼 자살하지 않고 차라리 산들이 무너져 죽게 해 달라고 기도하고 있는 것이다.

한편 '산과 바위에게 이르되' 하고 있는데 여기서 '이르되'에 해당하는 헬라어 '레구신'은 '레고(말하다)' 현재 능동태 직설법으로 극적이며 생동감 있는 상태를 나타낸다. 즉 이들의 절규를 현장감 있게 증언하고 있는 것이다. 또한 '우리 위에 떨어져'로 번역된 헬라어 '페세테(핍토=넘어지다) 에프(에피=위에) 헤마스(1인칭 대명사)'는 부정과거 명령문으로 '지금 당장 떨어져라'는 긴급함을 나타내는 말로 최후의 심판을 받느니 차라리 빨리 죽고 싶다는 말이다. 그러나 육체는 죽을 수 있지만 영혼은 다시 죽을 수 없기에 이들의 소망은 망상에 지나지 않는 것이다.

또한 "보좌에 앉으신 이의 얼굴에서" 하고 있는데 사실 하나님은 얼굴이 없으시다. 그런데 이렇게 얼굴이 있는 것으로 묘사한 것은 의인법을 사용한 것으로 관용어적으로 하나님의 얼굴은 의인들에게는 하나님의 은혜와 도우심을 말하지만 악인들에게는 진노를 말하는 말이다.

다시 말해 하나님의 진노를 의인화해서 하나님의 얼굴로 표현한 것이다.

또한 "그 어린 양의 진노에서" 하고 있는데 성경에 나타난 어린 양은 관용어적으로 온유와 사랑을 말하는데 본 절에서만 유일하게 어린 양이 진노하셨다고 나온다. 온유하고 선한 사람이 한번 화를 내면 무서운 것같이, 온유하고 사랑이 많으신 어린 양도 한번 화를 내면 폭군보다 더 무서우신 것이다. 이렇게 어린 양같이 순하신 예수님이 언젠가 진노하실 때가 있는데 그때가 바로 최후의 심판 때라는 것이다.

관용어적으로 산들과 바위에게 말하되 우리 위에 떨어져 보좌에 앉으신 이의 얼굴에서와 그 어린 양의 진노에서 우리를 가리라는 말은 하나님의 징벌을 당하는 이스라엘 인들이 그 혹독함을 견디지 못하여, 사는 것보다 차라리 죽는 것이 낫다는 의미에서 부르짖는 처절한 절규를 말하는 관용구이다(호 10:8).

진노의 큰 날(최후의 심판의 날)

계시록 6장 17절을 보면 "그들의 진노의 큰 날이 이르렀으니 누가 능히 서리요 하더라." 하고 있는데 이 말을 현대어 성경으로 보면 "하나님과 어린 양의 큰 진노의 날이 왔구나. 그 진노에서 살아 남을 자가 누구란 말인가? 하고 부르짖었습니다." 하고 있다. 그런데 여기서 '그들의 진노'에 해당하는 헬라어 '테스 올게스(노, 진노, 복수) 아우톤(3인칭 대명사)'은 앞 절의 하나님과 어린 양의 진노를 의미한다. 즉 최후의 심판은 지금까지 악인들의 행악을 참았던 하나님과 어린 양의 복수의 날이라는 말이다.

한편 '큰 날이 이르렀으니' 할 때 '큰 날은' 헬라어로 '헤(정관사) 헤메라(날) 헤(정관사) 메갈레(큰)'로 이는 문자적으로 '그 큰 그 날'이란 의미로 '날'과 '큰' 앞에 정관사 '헤'가 각각 붙어 있어 '큰'이란 말이 매우 강조되고 있다. 그런데 계시록에서 이렇게 어떤 특정한 큰 날 앞에 각각 정관사를 붙이는 경우는 본 절에만 나오고 다른 곳에서는 나오지 않고 있다. 그러므로 이는 강조용법으로 인류 역사상 한 번도 이런 일이 없었던 환난의 날로 최후의 심판을 가리키는 말이다. 이 단어 때문에 계시록 6장이 계시록 7~22장까지를 압축한 압축장이라 하며, 개론으로 최후 심판까지 다룬다고 하는 것이다.

그런데 혹자는 '큰 날이' 계시록 16장 14절의 큰 날 즉 여섯째 대접 재앙을 말한다고 하는데 그러나 본 절은 최후의 심판을 말하는 날이지 여섯 째 대접 재앙을 말하는 날이 아니다. 왜냐하면 계시록 16장 14절을 보면 '큰 날에 있을 전쟁을 위하여' 하고 있는데 이 말을 헬라어에서는 '폴레몬(전쟁) 테스 헤메라스(날) 에케이네스(곧, 이것, 저것=대명사) 테스 메갈레스(큰)'로 정관사 두 개가 들어가고 있지만 그러나 사이에 대명사 '에케이네스'가 들어간 상태에서 정관사 두 개가 붙어 있기 때문이다. 이는 앞의 전쟁의 날을 다시 대명사로 설명하며 그 날이 큰 날이라 하고 있는 것이다. 이는 앞의 전쟁의 날이 큰 날이라는 것을 강조하는 것으로 본 절과 같이 큰 날인 심판의 날이 아닌 큰 전쟁의 날로 큰 날이라는 뜻이다. 다시 말해 본 절과 비교할 때 계시록 16장 14절은 그 만큼 강도가 약하다는 뜻이다. 그러므로 본 절은 최후의 심판의 날을 말하는 것이고 계시록 16장 14절은 여섯 번째 대접 재앙만 말하는 것이다. 본 내용을 자세히 알고 싶으면 저의 책 계 16:8~9절을 반드시 참고하기 바란다.

또한 '누가 능히 서리요' 하고 있는데 이 말은 최후의 심판으로 인한 멸망이 너무 엄청나므로 그 어떤 죄인도 피할 길 없는 무력함을 나타 내는 말로 이에 해당하는 헬라어 '카이 티스(의문대명사) 뒤나타이(뒤나미스=할 수 있다, 능력) 스타데나이(히스테미=서다)'는 부정과거 수동태 부정사 구문으로 수사의문문이다(문장의 형식은 의문문이나, 대답을 요구하지 않고 강한 긍정 또는 강한 부정의 수사적 효과를 가지는 의문문). 이는 15절에 언급된 7계급인 모든 계층을 말하는 말이다. 수사의문문 '티스'가 들어감으로 파스(모든)적 개념으로 이는 결코 아무도 최후의(7계급) 심판의 때 심판을 피할 자가 없다는 강한 뜻을 나타낸다.

요한복음 14장 2절을 보면 주님이 처소가 예비 되면 우리를 영접하러 온다고 했는데 새 예루살렘이 2천년이 지난 지금도 창조되지 않은 것으로 보아 창세기 1장 1~2절의 천지 창조도 아마 한순간에 창조된 것이 아니라 몇 십억 년에 걸쳐 창조가 되었을 것이다. 지옥 창조 역시 한순간이 아닌 몇 천년에 걸쳐 창조될 것이다. 그래서 아마 천년왕국이라는 천 년의 시간이 필요했을 것 같다. 왜냐하면 그 천년왕국이 있는 동안 지옥을 창조해야 하기 때문이다.

관용어적으로 그들의 진노의 큰 날이 이르렀으니 누가 능히 서리요 라는 말은 최후의 심판의 때 심판을 피할 불신자는 아무도 없다는 말이다.

하존 요한 계시록 1

제 4 강

계시록 7 장

l계 7 장

사방 바람에 대한 관용어

계시록 7장 1절을 보면 "이 일 후에 내가 네 천사가 땅 네 모퉁이에 선 것을 보니 땅의 사방의 바람을 붙잡아 바람으로 하여금 땅에나 바다에나 각종 나무에 불지 못하게 하더라." 하고, 예레미야 49장 36절을 보면 "하늘의 사방에서부터 사방 바람을 엘람에 오게 하여 그들을 사방으로 흩으리니 엘람에서 쫓겨난 자가 가지 않는 나라가 없으리라." 고 하였다. 예레미야 49장은 이스라엘의 주변 국가의 멸망에 대한 예언인데 그 중 한 나라가 엘람인데 엘람은 바벨론 동부 산악 지대에 위치한 고대 왕국이었다(창 14:1). 엘람은 BC 8세기경 막강한 힘을 자랑했으나 앗수르 왕에 의해 정복당한 후(BC 640년경), 약소국으로 전락했다. 후에 엘람은 메대, 바사에 병합되었으며, 수도 수산은 바사(페르시아, 지금의 이란) 제국의 중심 역할을 하였다.

사방 바람이 엘람에 오게 되어 결국 엘람 국가가 멸망할 것이라 하는데 여기서 '바람'이라는 말이 때로는 에스겔 37장 9절처럼 '생기'인 '영'으로 해석되기도 하지만, 스가랴 6장 5절과 같이 '하늘의 네 바람' 하면 '천사'를 의미했고, 예레미야 49장 36절과 같이 "사방 바람"이라 하면 막강한 군사력의 파상적인 공격을 시사하는 전쟁을 표현했는데 특히 '하늘의 사방'에서부터 바람이 엘람에 불었다는 말은 여기서 '하늘'은 '하나님'으로부터 이 바람인 심판(전쟁으로 인한 멸망)이 시작되었다는 것으로 엘람이 하나님의 심판에 의해 큰 전쟁으로 멸망했다는 말이다.

계시록 7장 1절을 보면 "이 일 후에 내가 네 천사가 땅 네 모퉁이에 선 것을 보니 땅의 사방의 바람을 붙잡아 바람으로 하여금 땅에나 바다에나 각종 나무에 불지 못하게 하더라." 하며 "이 일 후에" 라 하고 있는데 앞에서 말씀드렸듯이 이 용어가 나오면 오버랩 기법으로 앞장의 키워드(핵심)를 유턴해(뒤돌아가) 디테일(구체적)하게 어느 한 부분을 집중 조명 하겠다는 뜻으로 본 절은 바로 계시록 6장 9~11절의 "스톨레 류코스"를 다시 설명하겠다는 뜻이다.

또한 "네 천사가" 하였는데 혹자는 이 네 천사를 계시록 9장 13~15절의 유브라데에 결박당한 네 천사로 생각하는데 그렇지 않다. 계시록 9장 13~15절의 유브라데에 결박당한 네 천사는 바벨론 멸망에 관여하는 천사이나 본 절의 네 천사는 꼭짓점을 잡고 있기에 세계 3차 전쟁에 관여하는 천사이다. 전쟁으로 치면 유브라데에 결박당한 천사는 국지전 천사이고 본 절의 꼭짓점에서 바람을 잡고 있는 천사는 전면전 천사인 것이다.

'내가 네 천사가 땅 네 모퉁이에 선 것을 보니' 하며 네 모퉁이에 네 천사가 섰다고 하는데 고대 사람들은 지구가 사각형이라 생각했기에 네 모퉁이로 표현했다. 이 네 모퉁이는 동서남북을 가리키는 말이다.

그런데 이 동서남북의 유래는 아담으로부터 시작된다. 헬라어로 아담 이라는 말은 'ADAM'으로 'A'는 그리스어로 '아나톨레(동쪽)'를 말하고, 'D'는 '다시스(서쪽)'를 말하고, 'A'는 '알크토스(북쪽)'를 말하고, 'M'은 '메센부리아(남쪽)'를 말하는데 이 아담의 머리글자를 따서 동서남북이라는 말이 유래가 되었다고 한다. 그런데 이 네 천사가 바로 네 모퉁이인 꼭짓점에 섰다고 하는데 이렇게 선 이유는 땅의 사방으로부터 오는 바람이 불지 못하게 붙잡기 위해서라는 것이다. 한편 '붙잡아'에 해당하는 헬라어 '크라툰타스'는 '단단히 붙잡다'는 의미를 가진 '크라테오'의 현재 능동태 분사로 계속해서 재앙을 행사치 못하게 한다는 의미를 가진다.

또한 '사방'은 '동서남북 네 모퉁이(꼭짓점)'를 말하는 것이고 '바람'이라 하면 토네이도나 태풍과 같은 바람을 말하는데 바람은 '전쟁'을 상징하기에 본 절의 바람은 세계3차 대전을 의미한다.

그런데 네 천사가 이 3차 전쟁이 일어나지 않도록 바람을 잡고 있다는 것이다. 한편 '불지 못하게 하더라.'에 해당하는 헬라어 '히나(~위하여) 메(결코~않다) 프네에(포네오=숨쉬다) 아네모스(바람)'는 현재 능동태 가정법으로 '바람이 계속해서 불지 못하도록'이란 의미를 지닌다. 이는 아직 회개할 기회가 남아 있다는 뜻이다.

관용어적으로 사방이란 말은 동서남북의 네 모퉁이(꼭짓점)를 말하고, 바람은 전쟁을 말한다. 그러므로 사방에서 오는 바람 하면 동서남북에서 일어나는 전쟁으로 이는 강력하고 큰 전쟁을 시사하는 말이다.

하나님의 인을 가진 천사는

계시록 7장 2절을 보면 "또 보매 다른 천사가 살아 계신 하나님의 인을 가지고 해 돋는 데로부터 올라와서 땅과 바다를 해롭게 할 권세를 받은 네 천사를 향하여 큰 소리로 외쳐" 하며 '다른 천사'가 나오는데 이 천사는 바람을 맡은 네 천사보다 더 존귀한 천사이다. 왜냐하면 그가 바람을 다스리는 네 천사에게 명령했기 때문이다. 그래서 혹자는 이 천사를 미가엘 천사장 심지어 예수님이라고 하는데 예수님은 천사일 수가 없으므로 예수님은 아니다. 그런데 이 천사가 '살아 계신 하나님의 인을 가지고 있다.'고 한다. 그런데 이렇게 인을 뗐을 때 나타난 천사는 계시록 6장 1,3,5,7절을 보면 생물 천사였기에 이 천사는 생물 천사이고, 또한 계시록 7장 3절에 "우리가" 하며 복수를 말함으로 복수 천사는 생물 천사밖에 없음으로 이 천사는 생물 천사이고 인치는 기간은 3년 6개월이 걸린다(계 11:1).

한편 '인'에 해당하는 헬라어 '스프라기다'는 자신의 문서나 노예, 혹은 소유물 등에 소유권이나(엡 1:3), 보증(고전 1:22)을 나타내는 도장을 뜻한다. 우리가 부동산 거래를 할 때나 보증을 설 때 인감 도장을 찍으면 그 순간 내 소유가 되는 것 같이 이렇게 '인 친다.'는 말은 내것이 되었다는 말로 이는 성도가 예수님의 소유가 되었다는 말이다. 그래서 관용어적으로 '인'이란 내 소유권이 되었다는 뜻을 가지고 있다.

한편 '해 돋는 데로부터'에 해당하는 헬라어 '아포(로부터) 아나톨레스(동쪽) 헬리우(해)'는 문자적으로 '동쪽으로부터'를 의미한다. 그런데 본 절을 보면 인을 가진 다른(생물) 천사가 동쪽에서부터 올라 왔다고 한다. 우리 인체의 중간을 배꼽이라 하는 것 같이 세계의 배꼽은 언제나 이스라엘이다. 동서남북의 아담으로 시작되었다고 하는데 '아'라는 말이 아나톨네(동쪽)에서 유래가 되었다고 한다. 그런데 이렇게 아담이 최초로 창조 받은 지역이 이스라엘이었기에(수 3:16)

동방이란 한국을 말하는 것이 아니라 세계의 배꼽이며 아담이 창조 받은 이스라엘을 말하는 것이다. 또한 '해'인 '헬리우(해)'는 구원을 상징하기에 본 절의 '해'는 예수님을 의미한다(말 4:2). 그러므로 아담이 창조 받은 지역이 이스라엘이고 '해'되신 예수님이 활동한 지역도 이스라엘이고 또한 세계의 배꼽이며 인류 역사의 중심이 이스라엘이기에 본 절의 해 돋는 데로부터 인을 친다는 말은 결국 이스라엘로부터 인을 친다는 말이 되는 것이다.

관용어적으로 하나님의 인을 가지고 있는 천사는 생물 천사이며 인을 쳤다는 말은 소유했다는 말이고 역사의 중심인 해가 뜬 지역은 이스라엘을 말한다.

도장의 사용

계시록 7장 3절을 보면 "가로되 우리가 우리 하나님의 종들의 이마에 인치기까지 땅이나 바다나 나무나 해하지 말라 하더라." 하며 이마에 인 치신다고 하였다. 동양권에서 도장을 사용하는 것은 일반화된 풍습이다.

고대 애굽, 아람족과 페니키아인, 암몬족, 에돔족, 모압족 그리고 유대인들 역시 인장의 사용에 익숙하였다. 도장은 몇 가지 종류가 있었다. 반지 도장이나 작은 돌 도장이나, 보석 도장이나 나무 도장이었다. 반지 도장은 권위의 상징으로 문서나 계약서에 날인할 경우에만 사용하였다(학 2:23). 나무로 만들어진 도장은 우리의 경우와 달리 길이가 50cm 또는 그 이상이 되기도 하였다. 나무 도장은 주로 시장에 나가서 곡식을 대규모로 구입할 때 사용하였다. 대금을 치른 곡식 가마니에 도장을 찍어서 주인임을 확인시키고, 그래서 집으로 운반해 올 때까지 안전하게 곡식들을 보관할 수 있었다. 사도 바울이 "너희도~인치심을 받았으니(엡 1:13)"라고 말한 것은 바로 이것을 염두에 둔 것이다.

돌 도장의 크기는 보통 2.2cm를 벗어나지 않았으며 모양은 둥글거나 타원형이었다. 도장 제작을 위하여 인장공은 한쪽 끝을 평면에 가깝게 매끈하게 다듬었고, 다른 쪽은 반지나 목걸이에 부착할 수 있도록 구멍을 뚫었다. 이방인의 도장은 주문자의 취향에 따라서 내용을 새겼는데 스핑크스나 그리핀 등 애굽 식 그림이나 개인이 숭배하는 신의 형상과 주문자의 이름이 들어가는 것이 보통이었다.

그러나 유대인들의 도장은 달랐다. 그들의 도장은 단순했다. 그림은 배제되고 오로지 소유자의 이름을 도장에 새겼다. 그리고 어떤 경우에는 "왕의 종", "○○○의 청지기"라는 호칭이 붙기도 했고, '○○○의 딸', 혹은 '○○○의 아내'라 붙은 것들도 있었다. 유대인들이 이방인들과 다르게 도장에 그림이 들어가지 않은 이유는 출애굽기 20장에 "아무 형상이든지 만들지 말라."는 계명 때문이었다. 지금도 많은 도장들이 발견되는데 그 도장들이 유대인들의 것이라는 것을 알 수 있는 단서는 유대인들의 이름에는 하나님을 상징하는 이름인 '엘' 자라 붙은 경우가 많이 있었기 때문이다.

관용어적으로 예수님은 우리 이마에 도장을 찍으시고(인 치시고) 공중 재림에 참여케 하시는데 그때 그 도장엔 "누구(오흥복)는 예수의 아내"라는 도장을 찍으신다는 말이다.

땅과 바다와 나무를 해지는 시기

계시록 7장 3절을 보면 "이르되 우리가 우리 하나님의 종들의 이마에 인치기까지 땅이나 바다나 나무들을 해하지 말라 하더라." 하였는데 여기서 '우리가'는 생물 천사를 말한다. 이렇게 "우리가" 라는 '복수'를 사용함으로 인 치는데 관여한 천사가 미가엘 천사나 예수님이 아닌 생물 천사임을 알 수 있다. 왜냐하면 생물 천사는 네 천사를 말하기에 '우리가'이기 때문이다. 또한 '우리 하나님의 종들로' 할 때 '우리'는 물과 성령으로 거듭난 성도들을 지칭하고, '하나님의 종들'은 선지자나 사도나 목회자를 지칭하는 말이 아니라 앞의 '우리'와 같이 물과 성령으로 거듭난 성도들을 말한다.

'이마에 인치기까지' 할 때 '이마(메토폰)'는 사람의 머리 앞 부분을 말한다. 얼굴이 인격을 뜻하는데 이마는 얼굴에 해당하는 부분이기에 인격을 말한다(겔 9:4). 한편 이마에 해당하는 헬라어 '메토폰'은 '옵소', '얼굴'에서 유래가 되었다. 그러므로 이마에 인을 친다는 것은 인격에 인을 친다는 말로 사람의 중심기관이 인격인데 인격에 인을 친다는 말은 인격을 소유한다는 말로 이는 그 사람의 영혼을 소유한다는 뜻이다. 왜냐하면 '인'은 2절에서 말한 것 같이 '소유권'을 상징하기 때문이다. 고대에는 가축이나 노예의 소유권을 표시하기 위해 살갗에 화인(불도장)을 찍었는데 이렇게 지금 이 풍습을 빗대어 이마에 인치는 작업을 설명하고 있는 것이다. 고대에는 이렇게 인을 치면 그때부터 인친 사람의 특별한 소유물이 되었다고 한다. 또한 고대에 이름을 소유한 것은 그 자체를 소유한 것으로 여겼는데 도장 안에 주인의 이름인 '예수의 아내'라는 이름이 새겨져 있다는 것은 곧 주인(주님)의 이름을 소유했다는 것으로 주인(주님)의 소유물이 되었다는 뜻이다.

그렇다면 인침을 받았다는 말은 무슨 뜻인가? 초대교회에서 인침을 받았다는 말은 물과 성령으로 거듭난 것을 말한다. 침례 받고 성령 받은 것을 뜻하는 말로 쓰였다(엡 1:13;막 16:16;벧전 3:21). 그러므로 인침을 받았다는 말은 예수 이름으로 침례 받고, 성령 받았다는 뜻이다.

또한 "인치기까지 땅이나 바다나 나무나 해하지 말라."고 했는데 여기서 '해하지 말라'에 해당하는 헬라어 '메(결코~않다) 아디케세테(해치다)'는 강한 부정 명령의 능동태 가정법으로 '결코 해하기를 시작하지 말라'는 뜻이다. 이는 인침을 받은 성도는 후 삼 년 반에 짐승으로부터 고난당하지 않고 공중 재림에 참여할 것을 강력히 시사하는 말이다. 왜냐하면 인침을 받은 성도들에게는 해치는 일이 일어나지 않기 때문이다.

또한 "인치기까지 땅이나 바다나 나무들을 해하지 말라."는 이 말은 계시록 8장 7절과 같이 제한적이지 않고 인친 후에는 무제한적으로 해롭게 하라는 말로 이렇게 해롭게 하는 시기는 성경에 나오지 않고 있지만 그러나 계시록 8장 7절과 9장 4절인 예루살렘 포위 시기인 계시록 9장 10절까지는 해치지 않았음으로 해치는 시기는 인침이 끝난 공중 재림 후인 계시록 9장 10절 이하의 때인데 구체적으로 말하면 계시록 9장 13절부터이다. 왜냐하면 핵 전쟁은 사람뿐만 아니라 땅과 바다와 수목도 해하게 되는 시기이기 때문이다.

관용어적으로 인치는 것은 침례 받고 성령 받은 것을 말하는 것이고, 해치지 말라는 말은 공중 재림 전까지 해치지 말라는 말이다.

십사만 사천 명

계시록 7장 4절을 보면 "내가 인침을 받은 자의 수를 들으니 이스라엘 자손의 각 지파 중에서 인침을 받은 자들이 십사만 사천이니"하고 있는데 본 절에서 특기할만한 점은 인맞은 자의 숫자만 언급되어 있을뿐 인을 치는 실제 장면이나 그 작용에 대한 묘사가 생략되고 있다는 점이다. 그러나 2~3절에서 말씀 드렸듯이 네 천사가 바람을 잡고 있는 동안 인치기를 시작했는데 인치는 기간이 단기간에 이루어지는 것이 아니라 전삼년반때인 3년6개월에 걸쳐 이루어지기 때문이며 또한 인침을 받는 방법이 3절을 보면 침례 받는 것과 성령 받는 것을 말한다고 말씀 드렸다.

'인맞은 자'에 해당하는 헬라어 '톤 에스프라기스메논(인)'은 완료 수동태 분사로 더 이상 변함이 없는 완료된 수를 말한다. 다시 말해 인을 계속 치는 것이 아니라 144.000명에서 완료가 되었다는 뜻이다. 또한 '이스라엘 자손의'라는 말의 헬라어는 '휘온(아들) 이스라엘'이라는 말로 일반적으로 '휘온'은 친아들을 말하는 말임으로 이는 이스라엘인 야곱의 친아들의 후손을 말하는 말이다.

그렇다면 144.000명이란 뜻은 무슨 뜻인가? 십사만 사천을 혹자는 후 삼년반에 전 세계에 복음을 전할자라고 하고, 신천지나 이방인들은 자기들의 모임을 의미한다고 하는데 이렇게 보는 이유는 계4장에서 휴거가 이루어졌다고 주장하기에 계7장에 나오는 십사만사천을 다른 말로 설명 수 있는 방법이 없기에 전 세계에 복음 전할자라 해석 하는 것이다. 그러나 이는 이스라엘 각지파인 12지파에서 물(침례)과 성령 받고 거듭난 성도만 말하는 말이다. 이스라엘서 숫자는 곧 관용어다 그러므로 144.000명도 역시 14라는 다윗의 숫자와, 4라는 세상 숫자의 조합으로 이는 이 땅에 있는 아브라함과 다윗의 자손 144.000명이란 뜻이다. 그러므로 이는 이스라엘 자손을 말하는 말이다.

144.000이라는 말의 헬라어는 '헤카톤(일백) 텟사라콘타(40) 텟사레스(사) 킬리아스(일천)'으로 되어 있어 혹자 중에는 144.000명을 '일백 사십사천'이라 해석하는 분도 있는데 이는 잘못된 해석이다. 왜냐하면 이를 70인역 숫자 해석 방법으로 해석하면 100+40+4x1000이라는 말로 이는 144x1000=144.000 해석되기 때문이다. 그런데 왜 이렇게 144.000명을 일백 사십사천이라 해석하느냐면 신약에는 십만단위가 넘어가는 헬라어 숫자가 본 절외에는 나오지 않기 때문이다. 그러나 구약에서는 십만단위가 넘어가는 숫자가 많이 나온다. 그래서 헬라어 70인역을 가지고 이숫자를 계산하면 우리 성경 그대로 144.000명이 나오는 것이다.

관용어적으로 십사만사천명은 이스라엘(야곱) 자손의 인맞은 숫자만 말하지 이방인을 말하는 말이 아니다. 이방인은 9절에서 별도로 다루고 있다.

유다지파로부터 인침을 받는 이유

계시록 7장 5절을 보면 "유다 지파 중에 인침을 받은 자가 일만 이천이요 르우벤 지파 중에 일만 이천이요 갓 지파 중에 일만 이천이요" 하며 각 지파 별로 일만 이천으로 나오는데 이에 해당하는 헬라어는 '도데카(12) 킬리아스(1000)'로 이도 역시 헬라어 해석상 12x1000=12,000으로 해석된다. 12라는 말은 기초를 말하는 수이고, 1000은 만수인 10의 3제곱을 말한다.

그런데 본 절을 보면 이스라엘의 장남이 르우벤 지파임에도 불구하고 유다지파부터 나온다. 이는 하나님이 인정한 장자가 유다지파이기 때문이고 또한 이 지파에서 메시아가 나왔기 때문이다. 르우벤은 창세기 49장 3~4절을 보면 범죄로 인해 장자의 명분을 잃게 되었다. 이스라엘은 주님 당시 12지파 중 유다와 베냐민과 레위지파만 이스라엘 본토에 거주했고 나머지 지파는 일부만 이스라엘 본토에 남아 있고 나머지 9지파는 디아스포라(세계 각국으로 흩어짐)가 되어 외국에서 살게 된다. 그 후 이스라엘은 주후 70년 멸망을 맞게 되어 세계 각처에 흩어지게 되었다. 그리고 2000년이 지난 후 독립을 했다. 이때 세계 각국에 있던 이스라엘 사람들이 이스라엘로 돌아와 나라를 건국하는데 그것이 현재의 이스라엘이다. 그런데 여기서 현재 이스라엘을 구성하는 지파는 대부분이 유다지파이고 나머지 지파는 베냐민 지파와 레위지파 일부로 구성되었다. 그리고 나머지 9지파는 흔적도 없이 사라져 찾을 길이 없게 되었다. 그래서 우리가 이스라엘 사람들을 유대(유다지파 사람)인이라 부르는 것이다.

그런데 본장을 보면 인치는 순서가 나오는데 유다지파부터 나온다. 이는 곧 이스라엘 안에 있는 유대인 성도로부터 시작된다는 말이다. 그러므로 144,000명이 이스라엘이라는 증거는 첫째로 2절의 "해 돋는(아나톨레스(동쪽) 헬리우(해)"의 '해'가 예수님을 말함으로 해 돋는데는 예수님이 사역한 곳이며 세계의 배꼽인 이스라엘을 말하는 것이고,

둘째로 '이스라엘 자손(휘오스 이스라엘)'의 '휘오스'가 친 아들을 뜻하는 말임으로 이는 야곱(이스라엘)의 친 아들인 이스라엘 12지파를 말하기 때문이고, 셋째로 "유다 지파 중에 인침을 받은 자가"라 할 때 유다지파가 인침을 받는 것이 이스라엘에서 활동하는 두 증인에 의해 침례와 성령 받는 것을 말하는 것임으로 이는 이스라엘에서 활동하는 두 증인에 의해 침례 받고 성령 받는 지파가 유다지파이기 때문이다. 그래서 유다지파로부터 인침이 시작되는 것이다. 왜냐하면 현재 이스라엘에는 유다지파만 거의 남아있다시피 하기 때문이다.

관용어적으로 유다지파로부터 인침이 시작된 이유는 현재 이스라엘을 구성하는 지파의 대부분이 유다지파이기에 이스라엘에서부터 인침이 시작되기 때문이다.

단지파가 빠진 이유

계시록 7장 6,7절을 보면 "아셀 지파 중에 일만 이천이요 납달리 지파 중에 일만 이천이요 므낫세 지파 중에 일만 이천이요, 시므온 지파

중에 일만 이천이요 레위 지파 중에 일만 이천이요 잇사갈 지파 중에 일만 이천이요"하고 있는데 여기서 보면 단지파가 빠지고 레위 지파가 12지파에 들어갔는데 그 이유는 유대인 전통적 사상인 랍비들에 의하면 창49:17절 말씀에 의해 단지파에서 적그리스도가 나오기 때문이다. 창49:17절을 보면 '단은 길섶의 뱀이요 샛길의 독사로다 말굽을 물어서 그 탄 자를 뒤로 떨어지게 하리로다' 하고 있다.

관용어적으로 단지파가 빠지고 레위지파가 들어간 이유는 단지파에서 적그리스도가 나오기 때문이다.

요셉지파란

계시록 7장 8절을 보면 "스불론 지파 중에 일만 이천이요 요셉 지파 중에 일만 이천이요 베냐민 지파 중에 인침을 받은 자가 일만 이천이라." 하며 에브라임 지파가 빠지고 요셉지파가 들어왔는데 이렇게 에브라임 지파가 생략된 이유는 그들은 이스라엘을 타락시킨 원흉인 북 이스라엘의 초대 왕인 느밧의 아들 여로보암(왕상 12:2)이 에브라임 자손의 후손이기 때문이며 또한 이 지파는 시기 질투와 불평, 불만이 많은 지파이며 교만한 지파였기 때문이다. 그러므로 이렇게 볼 때 불평, 불만이 많은 성도는 인침에서 빠질 수도 있다는 경각심을 준다.

그렇다면 요셉지파라는 말은 무슨 뜻인가? 이는 창세기 48장 6절을 보면 요셉의 후손에는 에브라임과 므낫세가 있다고 나오는데 창세기 50장 23절을 보면 '에브라임의 자손 삼대를 보았으며 므낫세의 아들 마길의 아들들도 요셉의 슬하에서 양육되었더라." 하며 므낫세의 아들 마길의 아들들이 나오는데 이 마길의 아들들을(요셉의 증손자) 요셉은 자기의 친 아들의 반열에 올려 양아들로 삼았다고 70인 역에서 나온다. 본 절에 에브라임 지파를 생략하고 요셉지파를 올렸는데 이 요셉지파는 바로 마길의 아들들을 말하는 것이다.

관용어적으로 에브라임지파가 빠진 이유는 우상 숭배와 불평, 불만이 많았기 때문이며 요셉지파는 요셉의 증손자인 마길의 아들들을 말한다.

종려나무 가지를 가지고 선 이유

계시록 7장 9절을 보면 "이 일 후에 내가 보니 각 나라와 족속과 백성과 방언에서 아무도 능히 셀 수 없는 큰 무리가 나와 흰 옷을 입고 손에 종려가지를 들고 보좌 앞과 어린 양 앞에 서서" 라고 하였고, 마태복음 21장 7~9절을 보면 "나귀와 나귀 새끼를 끌고 와서 자기들의 겉옷을 그 위에 얹으매 예수께서 그 위에 타시니, 무리의 대다수는 그들의 겉옷을 길에 펴고 다른 이들은 나뭇가지를 베어 길에 펴고, 앞에서 가고 뒤에서 따르는 무리가 소리 높여 이르되 호산나 다윗의 자손이여 찬송하리로다 주의 이름으로 오시는 이여 가장 높은 곳에서 호산나 하더라." 하였는데 제자들이 겉옷을 나귀 등에 얹은 것은 단순히 안장을 대신하기 위해서가 아닌 나귀를 탈 사람에 대한 엄청난 경의와 순종의 태도를 보이는 행위였다. 또한 8절 무리들이 겉옷을 길에 편 것은 예수를 왕으로 영접한다는 의미였다. 열왕기하 9장 13절을 보면 예후를 왕으로 선포할 때도 이와 같이 하였다. 또한 나뭇가지를 베어 길에 펴는 것 역시 BC 165년 성전을 재봉헌하고 시몬 마카베오가 입성하던 때에도 있었다(마카베오상 13:51; 마카베오하 10:7).

한편 마태복음 21장 7~9절에 나뭇가지를 베어 깔고 흔들며 주님을 영접했는데 요한복음 12장 13절에 의하면 이 나무는 종려나무로 이스라엘 백성들이 광야를 지날 때 오아시스에서 자주 보았던 나무이며, 또한 그들에게 그늘과 양식을 제공해주던 나무였다. 그래서 유대 랍비들의 해석에 의하면, 초막절에 가져와야 하는 종려나무는 '광야에서의 삶'을 상징했다. 또한 고대인들은 종려나무를 다산과 풍요의 상징으로 여겼다. 왜냐하면 열매가 무수히 달려 셀 수 없이 많이 열리기 때문이었다. 히브리어로 종려나무를 '타마르'라 하는데 우리 성경에서는 '다말'로 번역하고 있다. 즉 다산을 기원하는 의미로 붙여졌던 이름이 다말이었던 것이다(창 38:6;삼하 13:1;14:27). 또한 종려나무는 바벨론 포로시기에 이스라엘 사람들에게는 '승리'를 상징했다. 왜냐하면 종려나무는 죽은 나무에서 다시 새순이 돋고 자라서 열매를 맺는 나무였다. 그래서 이스라엘 사람들은 이 종려나무를 가리켜서 '죽음을 이기고(승리) 다시 사는 나무'라는 의미에서 '승리'의 상징이었고 기쁨의 상징이었다.

본 절인 계시록 7장 9절을 보면 '이 일 후에(메타 타우타)' 라는 말이 나오는데 이 말은 오버랩 기법으로 앞 부분으로 유턴해 다시 설명한다는 말로 계시록 7장 4절의 이스라엘 성도들인 144.000명이 공중 재림에 참여했을때 이방인은 어떻게 되었는지를 이제 디테일(구체적)하게 설명하겠다는 말이다. 또한 "각 나라와 족속과 백성과 방언에서 아무도 능히셀 수 없는 큰 무리가" 라는 말이 나오면 관용구로 이방인을 말하는 말이라고 앞에서 설명했음으로 이는 이방인 성도들을 말하는 말이다. 또한 '흰 옷을 입고(페리발로=옷을 입다)' 할 때 '흰옷'은 공중 재림과 천국의 관복으로 여기서 '입고'라 함으로 이는 이미 공중혼인 잔치에 참여했다는 말이다.

또한 "손에 종려 가지를(야자수, 거룩함을 상징하는 나무이다) 들고" 라고 되어 있는데 유대인들에게는 3대 명절이 있다. 그것은 유월절, 오순절(맥추절), 초막절(추사감사절)이 있는데 이중 종려 가지를 흔드는 행사는 앞에서 말한 것 같이 초막절 행사로 초막절은 음력 7월이고, 현대력으로는 10월에 해당하는데(렘 41:5) 이는 출애굽의 승리와 풍요와 영광을 돌리는데 이는 추수감사절을 의미하며, 또한 이 초막절이 이스라엘에서는 신년절이기에 우리나라의 신정과 같은 날이다(공중 재림은 신년과 같은 행사로 새롭게 시작되는 것이다). 또한 종려 가지를 흔드는 것은 유대인들에게 있어 승리했을 때, 가장 기쁠 때 흔드는 것으로 왕이신 예수님이 예루살렘에 입성하실 때도 너무 기뻐 호산나 찬양을 하며 종려 가지를 흔들며 백성들이 예수님을 영접했던 것이다. 이와 같이 본 절을 보면 공중혼인 잔치에 참여한 이방인 성도들이 너무 기뻐 공중에서 보좌에 계신 하나님과 예수님을 처음 대면하는 자리에서 종려가지를 흔들며 기쁨으로 하나님과 예수님을 영접하고 있는 장면이다.

관용어적으로 종려나무 가지를 흔드는 것은 가장 기쁠 때 흔드는 것으로 이는 공중혼인 잔치에 참여해 기쁘게 하나님과 예수님을 영접하는 것을 말한다.

십사만 사천 명과 이방인의 찬양

계시록 7장 10절을 보면 "큰 소리로 외쳐 이르되 구원하심이 보좌에 앉으신 우리 하나님과 어린 양에게 있도다 하니." 9절을 보면 이방인 성도들이 보좌 앞과 어린 양 앞에 섰는데 본 절 10절을 보면 이 큰 무리들이 찬양하고 있는데 이 큰 무리에는 이방인들과 144.000명이 포함되어 있다. 그리고 11절은 천사들의 찬양으로 역시 큰 무리와 같이 보좌에 앉으신 하나님과 어린 양을 찬양한다. 다시 말해 10절은 공중혼인 잔치에 참여한 성도들이 혼인잔치(시온 산) 자리에서 보좌에 계신 하나님과 시온 산에 계신 예수님을 같이 찬양하고 있는 것이다.

그런데 찬양을 계시록 5, 6장에서는 천사들만 했는데 계시록 7장 이후부터는 판도가 바뀌어 144.000명과 이방인이 하고, 후 삼 년 반의 순교자들이 있는 유리 바닷가에서도 한다. 이는 공중 재림 전후의 차이점으로 그러므로 공중 재림은 계시록 7장에서 이루어진 것이다.

그런데 성경에는 구원이라는 말이 헬라어로 두 단어가 나오는데 하나는 '소조' 구원이고 또 하나는 '소테리아' 구원인데 '소조' 구원은 기도응답이나 문제해결이나 질병에서 치료받는 것을 말하는 것이고, '소테리아'는 영혼 구원을 의미한다. 그런데 본 절에서 구원하심이라는 말은 소테리아로 되어 있다. 이는 공중 재림에 참여해서 영혼이 완전히 구원 받은 것을 말하는 것이다.

또한 본 절에 '큰 소리로 외쳐' 할 때 '외쳐'라는 말의 헬라어는 '크라주신'인데 이는 '크라조(외치다)'의 현재형으로 헬라어에서 현재형은 뭔가를 반복해서 계속 하는 것을 의미한다. 그러므로 지금 공중혼인 잔치에 참여한 성도들이 종려나무 가지를 흔들며 멈추지 않고 계속 공중혼인 잔치에 참여하게 하신 하나님과 예수님을 찬양하고 있음을 알 수 있다.

관용어적으로 큰 무리는 144.000명과 이방인들을 뜻하는 말이다.

천사들이 머리를 바닥에 대고

계시록 7장 11,12절을 보면 "모든 천사가 보좌와 장로들과 네 생물의 주위에 서 있다가 보좌 앞에 엎드려 얼굴을 대고 하나님께 경배하여 이르되 아멘 찬송과 영광과 지혜와 감사와 존귀와 권능과 힘이 우리 하나님께 세세토록 있을 지어다 아멘 하더라." 하며 공중혼인 잔치에 참여한 모든 성도들이 보좌에 계신 하나님과 어린 양을 시온 산(공중에서)에서 찬양하자 11, 12절은 모든 천사가 배턴을 이어 받아 보좌에서 아멘으로 화답하고 경배 찬양하는 장면이다. 이 장면은 계시록 5

장 11절에 묘사된 장면으로 하나님이 보좌에 계시고(4:2;7:17;22:3), 네 생물이 보좌 모퉁이에 둘러섰고(4:6), 그 다음 24장로가 보좌 주위에 앉아 있고(4:4), 장로들을 둘러 싼 천군 천사들이 옹위하고 있는데(5:11) 그 천사들이 지금 공중 재림이 일어난 것에 대하여 경배와 찬양을 하는 내용이다.

그런데 여기서 '주위에' 할 때 '주위'에 해당하는 헬라어 '퀴클로(원에서, 사방)'는 '고리, 원'이라는 뜻을 가진 '퀴클로스'에서 온 말로 문자적으로 '원형으로' 라는 뜻으로 모든 천사가 보좌와 생물들과 24장로를 중심으로 원을 그리고 있음을 뜻하는 말이다.

또한 '엎드려 얼굴을 대고'에 해당하는 헬라어 '에페손(핍토=엎드려) 에노피온(면전) 투 드로누(보좌, 권자) 에피(에, 가까이, 대고) 프로소폰(얼굴) 아우톤(3인칭 대명사=그들)'은 '보좌 앞에 엎드려 얼굴을 대고' 라는 말로 이는 경건하게 예배를 드리는 행위를 나타낸다.

또한 아멘은 계시록 3장 14절을 참고하고, 세세토록은 계시록 4장 9절을 참고하고, 12절의 내용은 '부'가 감사로 바뀐 것 외에는 계시록 5장 12절과 그 내용이 동일함으로 계시록 5장 12절을 참고하기 바란다. 또한 '우리 하나님께' 하며 '우리'라는 말이 나오는데 히브리인들은 장엄함을 나타낼 때 우리라는 말을 관용어로 썼다.

관용어적으로 얼굴을 바닥에 대는 행위는 진심으로 존경하는 행위이다.

24장로중 하나의 질문

계시록 7장 13절을 보면 "장로 중 하나가 응답하여 나에게 이 흰 옷 입은 자들이 누구며 또 어디서 왔느냐"하며 본 절부터 17절까지는 문답식으로 기술되어 있는데 성도들의 대표인 장로가 공중 재림에 참여한 흰옷입은 성도들과 천사들의 찬양을 듣고 기뻐하는 마음으로 본서의 저자 요한에게 흰옷입은 큰 무리가 누구인지를 확실하게 가르치기 위해 반어법(알면서 모르는 척 반대로 질문하는 것)적 질의식 방법으로 질문하고 있는데 이는 이 흰옷입은 자들이 누구인지 몰라서 질문하는 것이 아니라 이 큰 무리에 대하여 확실하게 가르치기 위해 질문한 것이다. 24장로에 대하여 자세히 알고 싶으시면 저의 책 계4:4절을 참고하길 바란다.

여기서 '응답하여'에 해당하는 헬라어 '아페크리데'는 '아포크리노마이(대답하다)'의 부정과거 수동태로 의문을 제기하지 않았음에도 불구하고 자발적으로 대답한 사실을 나타낸다.

관용어적으로 반어법적으로 물어본 이유는 몰라서가 아니라 확실히 가르쳐 주기 위해서이다.

큰 환난에서 나오는 자들이란

계시록 7장 14절을 "내가 말하기를 내 주여 당신이 아시나이다 하니 그가 나에게 이르되 이는 큰 환난에서 나오는 자들인데 어린 양의 피에 그 옷을 씻어 희게 하였느니라." 하며 요한이 장로에게 '내 주여' 하고 있는데 이는 요한이 장로를 신격화 하려는 뜻이 아니라 당시에 존경의 표시로 사람에게도 이렇게 부르기도 했기 때문이다. 이 말을 쉽게 말하면 '각하' 정도의 말이라 생각하면 될 것이다. '당신이 아시나이다.' 하는데 이 말은 자신을 낮추는 겸손한 표현으로 "나는 도무지 모르겠으나 당신은 알고 있으니 나에게 좀 가르쳐 달라."는 뜻이다.

"이는 큰 환난에서 나오는 자들인데." '큰 환난에서 나오는 자들이라 하는데 이에 해당하는 헬라어 '테스 들리프세오스(환난) 테스메갈레스(큰)' 라는 정관사 '테스'가 두 번 사용되어 그것이 특정한 사건임을 나타내고 있다. 그렇다면 여기서 그 특정한 사건은 무엇일까? 그 특정한 사건은 후 삼년 반의 대환난의 사건을 의미한다.

'큰 환난에서 나오는 자들인데' 할 때 '나오는 자들'에 해당하는 헬라어는 "호이(정관사=남성, 주격, 복수) 엘코메노이(엘코마이의 현재 시제=오다, 가다) 에크(근원을 나타내는 전치사~로부터)"로 여기서 '엘코메노이 에크'는 계시록 3장 10절의' 테레소 에크'라 해서 '에크'가 근원을 묻는 전치사로 계시록 3장 10절에서 환난의 근원으로부터 완전히 면해 줌으로 후 삼년 반의 환난을 당하지 않고 공중 재림에 참여하게 해준다는 말로 해석된 것 같이 본 절의 '엘코메노이 에크' 역시 전치사 '에크'가 근원을 말하는 전치사이기에 대 환난의 근원으로부터 완전히 나오고 있다는 말이 되는 것이다. 다시 말해 '호이 엘코메노이 에크 테스 들리

프세오스 테스 메갈레스' 라는 말을 연결해서 보면 '그들이 그 큰 환난의 근원 밖으로 나왔다.' 라는 말이 됨으로 결국 '큰 환난'이 후 삼년 반의 환난을 말하는 것인데 그 후 삼년 반의 환난 밖으로 나오고 있는 자들이라는 뜻이다. 즉 후 삼년 반의 환난을 당하지 않고 나왔다는 말이다. 그런데 여기서 '나오는' 할 때 '엘코마이'의 현재분사 복수동사인 '엘코메노이'를 쓴 이유는 지금 막 공중 재림이 이루어져 공중 혼인잔치에 참여하여 경배와 찬양을 하기에 완료형이 아닌 현재형으로 쓴 것이다.

'어린 양의 피에'에 해당하는 헬라어 '엔(안에) 토(정관사) 하이마티 투(피) 알니우(어린 양)'는 수단을 나타내는 여격 구문으로 그들의 사죄 받음이 인간의 공적에 의한 것이 아니라 전적으로 어린 양이신 그리스도의 보혈의 속죄 피로 말미암은 것임을 시사한다. 한편 '씻어'에 해당하는 헬라어 '에플뤼난(플뤼노=옷을 빨다)'과 '희게 하였느니라.'의 헬라어 '엘류카난(류카이노=하얗게 하다)'은 모두 부정 과거 시제로 단회적인 행위를 나타낸다. 이는 그리스도의 희생 사역이 단회 적이면서도 그 효력은 영원함을 나타낸다. 허다한 무리들은 오직 그리스도의 대속적인 죽음을 통해서 깨끗함을 입고 구속받은 자들을 말한다. 그런데 계시록에서 어린 양의 피로 씻었다 할 때는 순교를 의미하는 말로 쓰이지만 본 절에서는 예수님 시대부터 공중 재림 전까지 물과 성령으로 거듭난 성도 모두를 말하는 것이기에 본 절에서는 순교자를 포함한 예수님의 대속을 통해 깨끗하게 구속을 받은 모든 성도를 일컫는 말이다.

관용어적으로 큰 환난에서 나오는 자들이란 큰 환난 밖으로 나오는 자들로 후 삼년 반 환난을 당하지 않았다는 뜻이다.

장막에 거한다는 말

계시록 7장 15절을 보면 "그러므로 그들이 하나님의 보좌 앞에 있고 또 그의 성전에서 밤낮 하나님을 섬기매 보좌에 앉으신 이가 그들 위에 장막을 치시리니" 하였고 이 말을 킹 제임스 성경으로 보면 "그러므로 그들이 하나님의 보좌 앞에 있으며 그의 성전에서 그를 밤낮 섬기고, 보좌에 앉으신 분께서 그들 가운데 거하시리라."로 기록하였다. 이는 24장장로 중 한 사람이 흰옷 입은 자들에 대하여 말하고 있는 내용이다. 여기서 '그러므로 그들이' 할 때 '그러므로'에 해당하는 헬라어 '디아(원인) 투토(지시대명사=이것)'는 문자적으로 '이것 때문에' 라는 의미로, 흰옷 입은 이들이 이렇게 보좌 앞에 있을 수 있는 원인은 예수님의 속죄 사역으로 인한 결과라는 뜻이다.

'그들이 하나님의 보좌 앞에 있고' 라고 할 때 '그들이~있고' 라는 말은 헬라어 '에이신(현재3인칭 직설법, 복수)'은 지금 보좌 앞에 섰다는 말이다. 계시록 14장에 보면 그런데 이들이 보좌 앞에 선 것이 아니라 '시온성'에 섰다고 되어 있는데 이렇게 본 절과 같이 면전 앞에 섰다고 하는 것은 '코람데오(하나님 앞에서=라틴어)' 앞에 섰다는 말이다(면전의식). 이 말은 이들이 지금 새 하늘과 새 땅에 들어갔다는 말이 아니라 단지 면전 앞에 있다는 말이다. 우리가 지금 이 땅에 살고 있지만 사실은 우리도 하나님의 면전 앞에서 신앙 생활하고 있는 것과 같은 것이다. 면전이란 실제로 새 예루살렘 성전에 들어갔다는 말이 아니라 면전 의식을 말하는 관용어이다.

왜냐하면 뒤에 '장막을 치시리니(스케노세이=미래시상)'라는 말이 미래 시상으로 되어 있기 때문이다. 즉 미래 시상으로 되어 있다는 말은 지금 당장 성전에 들어갔다는 말이 아니며 또한 하나님이 그들에게 지금 당장 장막(집, 텐트)을 쳤다는 말이 아니기 때문이다. 또한 계시록 15장 8절을 보면 일곱 대접 재앙이 끝나기 전에는 결코 새 하늘과 새 땅인 하늘 성전에 들어간 자가 없다고 되어 있다. 지금 본 절은 계시록 7장으로 아직 대접 재앙이 시작도 되지 않은 상태이다. 그러므로 실제로 성전에 들어간 것이 아니라 미래에 들어갈 것을 현재 직설법적 표현을 쓴 것으로 이 시점이 요한이 계시록을 기록할 시점이라는 뜻이다. 다시 말해 본 장 15~17절의 시점이 요한이 공중 혼인 잔치에 참여한 자들을 환상으로 본 시점인 밧모 섬이라는 말이다. 그래서 미래형을 쓰고 있는 것이다.

"또 그의 성전에서 밤낮 하나님을 섬기매" 하고 있는데 이 말은 계시록 21장 22절을 보면 "새 하늘과 새 땅엔 성전이 없고 하나님과 어린 양이 성전이라."는 말씀과 상치되는 말씀이다. 성전이라는 말에 두 가지의 뜻이 있는데 첫째는 구약 성전이요 둘째로 하늘 성전이 있다. 구약 성전은 죄인 들이 죄를 속죄 받기 위해 필요했던 성전이고, 하늘 성전은 하나님을 섬기며 교제를 나누는 곳을 말하는데 본 절에서 성전은 두 번째 의미이다.

또한 밤낮없이 섬긴다고 했는데 새 예루살렘 성에는 밤이 없다고 하기에(계 21:25;22:5), 본 절의 '밤낮'이라는 표현은 쉼 없이 지속적으로 유지되는 상태를 나타내는 관용어인 것이다.

한편 '섬기매'에 해당하는 헬라어 '라트류우신'은 '봉사한다(서비스)'는 의미를 가진 '라트류오'에서 파생된 단어로 이는 제사장이나 천주교 신부의 도움으로 제사 드리며 하나님을 섬기는 것이 아니라 직접 만민 제사장이 되어 하나님께 직접 나아가 예배하며 섬기는 것을 의미하는 말이다(벧전 2:9).

'보좌에 앉으신 이가 그들 위에 장막을 치시리니' 할 때 '장막을 치시리니'에 해당하는 헬라어는 '스케노세이(텐트, 장막, 천막)'는 '스케노오'의 미래 시상으로 이는 지금 당장 새 하늘과 새 땅에 들어갔다는 말이 아니라 미래에 들어가면 이라는 말로 지금 흰옷 입은 자들이 있는 현장은 새 하늘과 새 땅이 아니라는 뜻이다. 본 절의 장막은 성막이 아닌 천막인 텐트(집)를 의미하는 말인데 이는 유대인들의 소망을 반영한 말이다.

출애굽 한 유대인들의 소망은 한곳에 텐트(집을 짓고)를 치고 지속해서 유목생활 하지 않고 오랫동안 거하는 것이었다. 그들은 한 곳에 말뚝을 박고 텐트를 치고 사는 것을 복 중의 복으로 생각했는데 이렇게 한 곳에 장막을 치고 오래 생활하는 것을 그들은 천국생활이라 여겼다. 예레미야 10장 20절에서 장막은 예루살렘을 의미한다. 즉 새 예루살렘을 상징한다.

관용어적으로 본 절은 새 예루살렘에 들어갔다는 말이 아니라 앞으로 들어가게 될 것이라는 말이며 그때 들어가면 유대인들이 그렇게 한 곳에 머물기를 소망했던 영원한 장막을 주시겠다는 말이다.

하나님의 심판을 말하는 동풍(계7:16)

계시록 7장 16절을 보면 "그들이 다시는 주리지도 아니하며 목마르지도 아니하고 해나 아무 뜨거운 기운에 상하지도 아니하리니"하고 있고, 사27:8절을 보면 "주께서 백성을 적당하게 견책하사 쫓아내실 때에 동풍 부는 날에 폭풍으로 그들을 옮기셨느니라"하며 동풍이 나오는데 동풍이라 함은 흔히 5~10월인 봄,가을에 시리아나 북아라비아 사막에서 팔레스타인 지역으로 불어오는 뜨겁고, 건조한 열풍으로서 때로는 성경에서 남동풍이라 불리기도 하는데 특히 봄에 많이 불어오고 심할 때에는 많은 모래를 동반하여 불어옴으로 사람과 곡물들에게 많은 악영향을 끼쳐 집을 무너뜨리거나 배를 전복시키거나 곡식밭을 휩쓸고, 나무를 부러뜨리며, 밭에 있는 모든 작물과 나무의 과실들을 남김없이 짓밟아서 막대한 재난을 안겨주는 무서운 폭풍을 말한다.

성경에서는 동풍을 바벨론을 말하기도 하지만 관용어적으로 하나님의 심판을 말할 때 동풍으로 비유되곤 한다.

해나 아무 뜨거운 기운

계시록 7장 16절을 보면 "그들이 다시는 주리지도 아니하며 목마르지도 아니하고 해나 아무 뜨거운 기운에 상하지도 아니하리니" 하고 있는데 이를 현대인의 성경으로 보면 "그들은 다시 굶주리거나 목마르지 않고 해나 그 어떤 열기에 상하지 않을 것입니다." 하고 있다. 이 말은 이사야 49장 10절을 반영한 말로 "그들이 주리거나 목마르지 아니할 것이며 더위와 볕이 그들을 상하지 아니하리니 이는 그들을 긍휼히여기는 이가 그들을 이끌되 샘물 근원으로 인도할 것임이라."고 하였는데 이는 과거 이스라엘 백성들이 바벨론 포로 상태에서 귀환할 때의 이사야의 진술을 반영한 것으로(사 49:10) 구속 받은 자들이 누릴 영원한 축복을 나타내는 말씀이다. 본 절에서는 성도들이 이 땅에서 배고픔과 가난과 궁핍함과 멸시를 당하였을지라도 아버지의 집에 가게 되면 그 모든 고통에서 떠나 풍요와 진정한 안락 가운데 생활하게 될 것이라는 말이다. 반영이라는 말의 뜻을 자세히 알려면 저의 책 계 10:9절을 참고하라.

본장 14절을 보면 "그들이 큰 환난에서 나왔다." 라고 되어 있는데 이 환난이 우리가 생각하는 후 삼년 반의 환난에서 나온 것으로 생각할 수 있는데 본 절을 보면 그 14절의 큰 환난이라는 것이 겨우 주리고, 목마르고 해나 뜨거운 열풍 정도의 환난이라는 것이다. 이는 바울 사도가 당한 고린도후서 11장 23~27절 내용보다 못한 환난인 것이다. 바울도 이 정도의 환난은 수도 없이 당했다. 그러므로 계시록 7장 14절의 환난은 우리가 생각하는 엄청난 후 삼년 반의 환난이 아닌 평소 당하는 환난과 전 삼년 반의 환난 정도라는 것을 본 절을 통해 알 수 있다. 왜냐하면 본 절 16절은 계시록 7장 14절에 대한 해석인 것이다. 또한 본장 14절을 보면 이 환난에서 나왔다는 말을 대 환난을 겪지 않고 나왔다는 말로 해석하고 있는데 그 이유는 근원을 말하는 전치사 '에크' 때문이다. 이 부분은 본 장 14절을 반드시 참고하라.

그런데 여기서 '해나 뜨거운 기운'은 헬라어로 "헬리오스(해) 우데(여하튼, 즉, 그리고) 판(모든) 카우마(불태움, 열)"로 이 말은 '해 그리고 모든 뜨거운 열풍'이라는 뜻으로 여기서 '모든 뜨거운 기운' 이라는 말은 사하라 사막으로부터 지중해 연안으로 부는 열풍인 '시록코'를 가리키는 것으로 계시록 16장 9절의 '사람들이 크게 태움에 태워진지라.'는 후 삼년 반의 태움과는 차이가 나는 말이다. 다시 말해 계시록 16장 9절은 해로 인해 사람이 화상을 입어 탈 정도라면 본 절의 환난은 '해나 뜨거운 기운' 정도인 열풍 정도 밖에 안 되는 뜨거움이라는 것이다.

본 절의 '아무 뜨거운 기운'에 해당하는 헬라어 '판(모든) 카우마(불태움, 열)'는 '모든 뜨거운 열풍'이라는 뜻을 가졌는데 여기서 '카우마'는 '불에 타다'라는 의미를 가진 '카이오'에서 유래한 단어지만 본 절에서와 같이 '열풍'으로 해석하는 것이 맞다. 왜냐하면 이사야 49장 10절에서 더위로 해석되기 때문이며 또한 본 절에서 해를 비롯한 뜨거운 열기로 해석되었기 때문이다. 그러므로 본 절은 말씀 그대로 "뜨거운 기운(열풍)" 정도의 뜨거움 밖에 안 되는 환난으로 이는 기독교인들이 일반적으로 당했던 환난과 전 삼년 반에 당하는 환난이라는 말이다.

그러나 후 삼년 반에 있을 환난은 계시록 16장 9절을 보면 "사람들이 크게 태움에 태워진지라." 하며 사람들이 크게 태움에 태워지는 엄청난 고난이 있을 것이라 말하고 있다. 이를 헬라어 원어로 보면 '에카우마티스데산(불태우다, 불사르다) 호이 안드로포이(사람) 카우마(열, 불태움) 메가(큰)'로 '큰 불태움으로 그 사람들을 불살랐다.' 라는 말로 여기서 '태워진지라'에 해당하는 '에카우마티스데산'은 '불태우다', '불사르다'의 단어 '카우마티조'의 부정과거 수동태로 실제로 사람들의 살갗이 타들어가고 있는 비참한 형국을 그대로 표현한 말이다. 계시록 7장 16절에서 '카우마'는 열풍으로 해석되지만 계시록 16장 9절에서 '에카우마티스데산'은 "불태우다, 불사르다"로 해석된다. 왜냐하면 계시록 16장 8절에 '해가 권세를 받아 불로 사람들을 태우니' 하며 계시록 16장 9절의 주어가 계시록 6장 8절의 '해'로 나오지만 본 절은 '동풍'으로 나오기 때문이다. 그러므로 이는 계시록 16장 8절과 본 장 계시록 7장 16절은 그 강도면에서 다른 것이다. 본 내용을 자세히 알고 싶으면 저의 책 계 16:8, 9절을 참고하기 바란다.

한편 '상하지 아니할지니'에 해당하는 헬라어 '우데(여하튼, 그리고) 메(결코~않는다) 페세(핍토=떨어지다)'는 '떨어지다'의 의미를 지닌 '핍토'의 부정관사 시상으로 강한 이중 부정이다. 이는 구원받은 자들에게 지상에서와 같은 고통스러움이 새 예루살렘에서는 결단코 없을 것을 강조하기 위해 이중 부정을 사용한 것이다.

관용어적으로 "그들이 다시는 주리지도 아니하며 목마르지도 아니하고 해나 아무 뜨거운 기운에 상하지도 아니하리니" 라는 말은 이 공중 혼인 잔치에 참여한 자들이 이 땅에 있을 때 당한 환난으로 이는 후 삼년 반의 환난과 비교하면 아주 작은 환난에 지나지 않는다는 말이다. 그런데 새 하늘과 새 땅에 가면 이 정도의 환난도 이제 결코 없는 영생 복락을 누리게 된다는 말이다.

생명수 샘에 대한 관용어

계시록 7장 17절을 보면 "이는 보좌 가운데에 계신 어린 양이 그들의 목자가 되사 생명수 샘으로 인도하시고 하나님께서 그들의 눈에서 모든 눈물을 씻어 주실 것임이라." 하고 있는데 여기서 '보좌 가운데 계신'은 문자적으로 하나님의 보좌와 이십사 장로들과의 중간 위치를 가리키며 동시에 예수님이 '중보자임'을 상징하는 위치이다(계 5:6).

그런데 여기서 특이한 사항은 지금 본 장 13~17절까지는 24장로 중 한 사람이 요한에게 흰옷 입은 자들을 설명하는 절인데 지금 이 시점은 주님이 '시온 성'에 재림하셔서 공중 재림에 참여한 흰옷 입은 성도들로부터 찬양을 받고 있는 시점이다. 이때 24장로가 이 흰옷 입은 자들이 누군지를 설명하는 장면이다. 그렇다면 예수님이 계신 곳은 시온 성이 되어야 한다. 그런데 본 절에 보면 주님이 시온성이 아닌 보좌 가운데 계시다고 하고 있고, 또한 15~17절을 보면 계속 미래형으로 말하고 있다.

이는 24장로 중 한 장로가 15~17절을 설명할 때의 시점이 요한이 계시록을 기록하는 시점이라는 뜻이다. 지금 그(계시록을 기록하는 시점) 시점에서 요한이 본 공중혼인 잔치에 참여한 흰옷 입은 자들에 대한 환상을 가지고 24장로 중 한 장로가 이들이 어떤 자들이며 이들이 공중 재림과 천년왕국 후에 어디로 갈 것인가를 설명하고 있는 것이다.

또한 본 절을 보면 '이는 보좌 가운데에 계신 어린 양이 그들의 목자가 되사' 라고 되어 있는데 사실 이 표현은 모순된 표현같이 보인다. 왜냐하면 양은 양이지 목자가 될 수 없고 목자는 목자이지 양이 될 수없기 때문이다. 그러나 본 절에서 '어린 양'이라는 말은 예수님이 하나님과의 관계를 표현할 때 쓰는 말이고, 목자는 인간과의 관계를 표현할 때 쓰는 말이다. 그러므로 이 말은 예수님은 하나님에게는 어린 양이지만 인간에게는 목자가 되신다는 말이다.

한편 '저희의 목자가 되사'에 해당하는 헬라어 '포이마네이(목자) 아우투스(인칭 대명사)'는 '보살피다, 감독, 인도하다'는 의미의 '포이마이노'에서 파생된 미래 능동태인데 이 '포이마이노'는 '포이멘(목자, 목사)'에서 유래한 말로 '포이마네이'는 문자적으로 '그들을 보살피실 것이다.' 라는 뜻의 미래형이다. 이렇게 미래형으로 기록되었기에 현 시점을 요한이 계시록을 기록할 때라 하는 것이다.

'생명수 샘으로'에 해당하는 헬라어 '에피(에) 조에스(영생) 페가스(샘, 우물) 휘다톤(물)'은 어순상 '생명의(조에스=영생)'를 강조하는 것으로 "영생의 샘물"이란 뜻이다. 이 영생의 샘물이란 이 땅에서는 예수

믿고 성령 받는 것을 말하고(요 4:12,14;7:38), 천국에서는 영생을 의미하는 관용어다. 예레미야 2장 13절에서는 '생수의 근원'을 하나님으로 말한다.

"하나님께서 저희 눈에서 모든 눈물을 씻어 주실 것임이라."는 말씀은 이사야 25장 8절인 "사망을 영원히 멸하실 것이니라 주 여호와께서 모든 얼굴에서 눈물을 씻기시며 자기 백성의 수치를 온 천하에서 제하시리라."는 말씀을 관용어적으로 반영한 말로 본 절에서 '씻어 주실 것임이러라.'에 해당하는 헬라어 '엑살레입세이'는 '~으로부터 제거해 버리다, 눈물을 닦다'라는 '엑살레입호'의 미래 시상으로 하나님께서 주체가 되셔서 앞으로 구원 받은(흰옷 입은 자들) 자들을 고통과 아픔으로부터 해방시켜 주신다는 말이다. 그와 동시에 그들에게 절대적인 하나님의 희락과 평강의 복을 주실 것이라는 말이다(계 21:4).

관용어적으로 생명수 샘물은 영생을 말하고 눈물을 씻어 주신다는 말은 이 땅의 고통으로부터 해방시켜 주시고 희락과 평강의 복을 주신다는 말이다.

하존 요한 계시록 2

제 5 강

계시록 8 장

l계 8장

일곱 번째 인

계시록 8장 1절을 보면 "일곱째 인을 떼실 때에 하늘이 반 시간쯤 고요하더니." 하고 있는데 혹자는 일곱 인과 일곱 나팔재앙을 같은 사건의 반복으로 주장하기도 하고 또 다른 혹자는 두 재앙이 별개의 사건이라 주장하는데 후자의 것이 더 타당하다. 왜냐하면 일곱 인의 재앙과 일곱 나팔 재앙과 일곱 대접 재앙은 일곱이라는 완전수를 상징하는 재앙으로 끝나기 때문에 이는 불완전한 재앙이 아니라 완전한 재앙이기에 서로 별개의 사건인 것이다.

'일곱째 인을 떼실 때에' 라고 했는데 많은 분들은 계시록 7장을 삽화와 같은 삽경(끼워넣는것)으로 생각하나 삽경이 아니라 휴거를 다룬 핵심장이다. 왜냐하면 계시록 7장 1절에 '이 일 후에' 라는 말이 나오기 때문이다. 이 말이 나오면 키워드(핵심)를 다시 유턴(뒤돌아가)해서 설명하겠다는 말인데 그 유턴한 부분이 계시록 6장 11절인 '슈톨레 류코스(흰옷 입은 자)'이다. 다시 말해 계시록 7장은 계시록 6장 11절 흰 두루마기(옷) 입은 자들에 대한 설명이 미흡했던 부분을 한 장을 할애

해 구체적으로 자세히 설명하는 장이다. 결코 삼경이 아닌 계시록 6장 11절이 너무 중요하기에 다시 구체적으로 설명하고 있는 것이다. 그래서 제가 계시록은 오버랩 기법으로 기록되었다고 말했던 것이다. 이렇게 계시록 6장 11절을 7장을 통해 구체적으로 설명을 한 후 이제 진행하다 멈춘 인 재앙에 대하여 계시록 8장 1절을 통해 계속 진행하고 있는 것이다. 그런데 마지막 일곱 번째 인 재앙을 떼자 인 재앙은 고요함으로 끝이 난다.

"하늘이 반시 동안쯤 고요하더라." 하고 있는데 여기서 '반시 동안쯤'에 해당하는 헬라어 '호스(동안) 헤미오론(반시간, 30분)'은 30분을 말하는데 여기서 '헤미오론'은 헬라어 '헤미(반)'와 '시간'을 나타내는 '호라'의 합성어로서 30분을 말한다. 신약성경에서 본 절에만 나온다. '반시 동안쯤'이라는 말은 관용어적으로 비교적 짧은 시간의 범위를 나타내는 말인데 이렇게 고요한 이유는 태풍이 오기 전 고요한 것 같이 폭풍 전야(새로운 사건 전)라고 보면 된다. 연극의 새로운 장이 시작되려면 무대 세트를 다시 설치하는 것 같이 지금 7번째 인 재앙은 새로운 사건 전개를 위해 무대 세트를 다시 설치하는 시간이다. 그래서 고요한 것이다. 인 재앙이 결재를 받아내고 그 결재내용이 무슨 내용인지 그 내용을 들여다보는 재앙이라 했는데 들여다보니 후 삼년 반의 시작으로부터 최후의 심판까지의 내용이 기록되었던 것이다. 그리고 마지막 일곱 번째 인을 들여다보니 세트 교체라고 쓰여 있는 것이다.

계시록에는 세 가지 시간표가 나오는데 계시록 6장과 계시록 8, 9장과 계시록 14장 이다. 그중에 전 삼년 반의 시작과 시간표를 다루는 장이 본 장 8장이고, 후 삼년 반의 절정인 제3차 세계 전쟁의 시간표를 다루는 장이 계시록 9장이다. 그런데 전 삼년 반도 다시 전전 삼년 반을 다루는 장이 계시록 8장 본 장이고, 후 전 삼년 반을 다루는 장이 계시록 9장 1~11절이다. 그런데 여기서 우리가 잠재적으로 기억해야 할 것은 계시록 8장의 배후에는 두 증인이 사역하고 있다는 것과, 두 증인이 행한 기적이 기록되었다는 사실을 기억해야 한다.

관용어적으로 고요한 이유는 새로운 세트를 설치하기 위해서이다.

나팔 재앙

계시록 8장 2절을 보면 "내가 보매 하나님 앞에 일곱 천사가 서 있어 일곱 나팔을 받았더라."고 했는데 '하나님 앞에 일곱 천사가 서 있어' 라고 할때 '서 있어'로 번역된 헬라어 '헤스테카신'은 '히스테미(서다)'의 완료 능동태로서 '서 있는'을 의미한다. 하나님 앞에 서 있다는 것은 봉사할 채비를 갖추어 어명을 기다리고 있음을 시사하는 말이다.

한편 '일곱 천사'에 해당하는 헬라어 '투스 헵타(7) 앙겔루스(천사)'는 정관사 '투스'가 사용되어 일곱 나팔을 받은 본 절의 천사들이 특정한 집단이라는 사실을 암시해 준다. 유대인들은 에녹서를 기준으로 일곱 나팔 받은 천사를 일곱 천사장인 우리엘, 라구엘, 미가엘, 라파엘, 사라카엘, 가브리엘, 레미엘(예레미엘)로 본다(위경 에녹1서20:2~8에 나옴).

이들 천사장들의 사역을 살펴보면

첫째로 우리엘 천사장은 하나님의 빛 또는 하나님의 불이라는 뜻을 가진 천사장으로 창세기 3장 24절을 보면 아담을 에덴 동산에서 쫓아낼 때 불칼 가진 천사로 길을 지키게 했는데 그 천사가 우리엘 천사장이었고 그는 천둥과 지진을 담당한다.

둘째로 라구엘 천사장은 화목과 공평의 천사로 하나님의 친구라는 뜻을 가진 천사로 계시록 3장 7절의 빌라델비아 교회의 사자로 되어 있는 천사인데 그는 천사들을 감시하는 천사장이다.

셋째로 미가엘 천사장은 제1의 천사장으로 돕는 천사인 힘의 천사로 지력과 용맹의 천사라고도 하는데 이 미가엘 천사장의 쌍둥이가 루시엘천사장(사단)이라 한다.

넷째로 라파엘 천사장은 병을 고치는 천사장으로 자녀를 잉태케 하는 천사라 한다.

다섯째로 사라카엘 천사장은 성도들이 죄를 짓지 않도록 감시하는 천사라 한다.

여섯째로 가브리엘 천사장은 묵시와 계시와 같은 희소식을 전하는 천사장으로 자비의 천사라 한다.

일곱째로 예레미엘 천사장은 히브리어로 하나님의 자비를 뜻하며 아람어론 라미엘이라 해서 하나님의 천둥이란 뜻을 가지고 있어 천둥을 담당하는 천사장이며, 부활을 기다리는 죽은 영혼들을 관리하며 부활을 담당하고 환상을 보게 하는 천사로 요한도 이 천사가 환상을 보게 해서 계시록을 기록한 것이다.

'일곱 나팔을 받았더라.' 본 절을 보면 일곱 천사장이 일곱 나팔을 받았다고 하는데 여기서 '나팔'은 헬라어로 '살핑게스'이다.

이 말은 '진동, 흔들다' 라는 '살로스'에서 유래한 말로 '나팔'을 의미한다. 나팔은 구약에서 하나님께서 만들도록 지시하신 것으로 백성을 소집하고, 모든 지파를 진행하게 하며, 전쟁을 알리고, 절기를 표시하고, 이스라엘 군대를 인도할 때와 왕들의 대관식에도 사용되었다. 신약성경에서 나팔은 예수님의 재림과 깊은 관계(마 24:31;고전 15:52;살전 4:16)가 있다. 한마디로 나팔은 관용어로 시작을 알리는 신호이다. 그래서 군에서 취침 전에 취침 나팔을 불고, 기상할 때 기상 나팔을 불고, 전쟁에서 전쟁의 시작을 알릴 때도 나팔을 불었고, 재림의 시작을 알릴 때도 나팔을 부는 것이다. 이렇게 나팔은 지금의 호루라기와 같은 역할을 했던 것이다. 그러므로 나팔을 받았다는 것은 시작을 알리는 신호인 것이다. 나팔이 이렇게 시작을 알리는 신호이기에 재앙의 시작을 인 재앙이라 하지 않고 나팔 재앙이라 하는 것이다.

관용어적으로 나팔은 시작을 알리는 신호이다. 그러므로 7번째 나팔재앙은 7대접 재앙의 시작을 알리는 신호이다.

재앙의 시작을 알리는 순교자들의 기도

계시록 8장 3절을 보면 "또 다른 천사가 와서 제단 곁에 서서 금향로를 가지고 많은 향을 받았으니 이는 모든 성도의 기도와 합하여 보좌 앞 금 제단에 드리고자 함이라." 고 했는데 이를 공동번역으로 보면 '또 다른 천사 하나가 금향로를 들고 제단 앞에 와 섰습니다. 그 천사는 모든 성도들의 기도를 향에 섞어서 옥좌 앞에 있는 황금 제단에 드리려고 많은 향을 받아 들었습니다.' 하고 있다.

계시록 8장 3~5절은 시기적으로 계시록 5장 8절과 연결이 된다. 다시 말해 계시록 5장 8절을 보면 "그 두루마리를 취하시매 네 생물과 이십사 장로들이 그 어린 양 앞에 엎드려 각각 거문고와 향이 가득한 금 대접을 가졌으니(네 생물) 이 향은 성도의 기도들이라." 하였는데 계시록 5장 8절은 천상예배 후의 전야제 축제이다. 전야제 축제는 뭔가를 시작하기 전에 행해지는 행사임으로 계시록 8장은 전 삼년 반의 시작이다. 왜냐하면 계시록 5장 8절에서 본 장 8장 3~8절을 설명하려다가 축제에 밀려 설명하지 못했던 부분을 다시 본 절에서 연결해 설명하고 있기 때문이다. 전체적인 맥락으로 볼 때 계시록 6, 7장이 계시록 5장 8절에서 계시록 8장 3절 사이에 삽입 된 것이라는 말이다. 그러므로 계시록 6, 7장이 없다고 생각하면 계시록 5장 8절 그 다음 절에 계시록 8장 2절이 시작된다는 말이다. 그래서 계시록 8장 나팔 재앙이 재앙의 시작인 전

삼년 반의 시작이라 하는 것이다. 왜냐하면 전야제 축제 후 바로 시작되는 재앙이 나팔재앙이기 때문이다.

본 절에서 '또 다른 천사' 라고 함으로 본 절에 나타난 천사는 계시록 8장 2절의 일곱 나팔을 가진 천사가 아닌 또 다른 천사임을 알 수 있는데 이 천사가 기도와 관계된 천사이기에 이 천사는 계시록 5장 8절과 연결해서 볼 때 네 생물 천사인 것이다. 그런데 혹자들은 로마서 8장 34절을 근거로 이 천사가 예수님의 중보 사역이라 해서 예수님이라 주장하는데 예수님은 천사가 아니다. 그런데 본 절엔 또 다른 천사라 하며 '앙겔로스'로 되어 있다. 그러므로 또 다른 천사는 절대로 예수님이 될 수 없는 것이다.

'제단 곁에 서서' 할 때 '제단'에 해당하는 헬라어 '뒤시아스테리온'은 번제단을 말하는 것인데 혹자는 "향단"을 말한다고 하지만 이는 '희생제물'을 의미하는 '뒤시아'에서 유래한 말로 번제단을 말한다. 또한 '금향로'는 헬라어로 '리바노톤(향로) 크리순(금)'이라 해서 '리바노톤'은 유향이라는 '리바노토스'에서 유래한 말로 '향로, 유향, 그것을 태우는 향로'로 해석되기에 리바노톤이 향로를 말하는 말인지 아니면 유향을 말하는 말인지 알 수 없다. 그러나 앞에 '금'이라는(크리순) 말이 '리바노톤'을 수식함으로 이는 향로를 가리키는 말이다. 만약 '금'이라는 말이 없었다면 이는 유향을 말하는 것으로 해석해야 하지만 금이라는 말이 나옴으로 이는 '향로'로 해석해야 하는 것이다.

본 절의 금향로는 지성소 바로 앞에서 하나님께 향을 피우는 그릇인데 향을 피울 때는 향로에 먼저 번제단의 숯불을 취하여 담은 후 그 위에 향을 담아 향 연기가 피어오르도록 했다. 그래서 본 절의 배경을 보면 천사가 금향로를 가지고 번제단 곁으로 와서 서 있다고 하는 것이다.

그런데 금향로에 향을 피울 때는 번제단의 숯불을 담아다가 숯불 위에 향을 얹어 향 연기를 피웠는데 본 절은 그 향로 숯불 위에 향을 얹어 향을 피우며 또한 성도들의 기도를 향로 숯불 위에 담아 그것을 가지고 하나님 앞에 있는 금 제단(번제단)에 드렸다고 나온다. 그런데 본 절의 이 향로가 계시록 5장 8절에서는 금 대접으로 나온다. 이렇게 약간의 차이가 나는 것은 금향로의 모양이 금 대접과 비슷하기 때문이다. 다시 말해 향로의 용도가 담는 그릇인 것 같이 대접의 용도도 그릇이기에 그 용도가 똑같다는 말이다. 그러므로 표현만 다를 뿐 의도하고 있는 목적은 똑같은 것이다.

"많은 향을 받았으니" 라는 말의 헬라어는 '뒤미마마타(향가루) 폴라(많은)'은 향 가루를 많이 받았다는 말로 이 향 가루는 계시록 5장 8절에서는 성도들의 기도를 말한다. 또한 "이는 모든 성도의 기도와 합하여" 라는 말은 성도들의 기도와 향 연기가 섞여 있다는 말이고 "보좌 앞 금 제단에 드리고자 함이라." 하고 있는데 이는 번제단 곁에 서 있는 생물 천사가 기도와 향 연기가 섞여 있는 금향로를 가지고 보좌 앞에 있는 금 제단에 드리려고 하는 장면을 말한다.

계시록 5장 8절은 생략해서 그냥 향은 성도의 기도라 하고 있지만 본 절에서는 그 기도와 향 연기가 섞여 있다고 자세히 설명해 주고 있다. 이것을 보좌 앞 금 제단에 드리는데 보좌 앞에도 금 제단이 있느냐 할 때 실제로는 없다. 왜냐하면 하나님 자체가 성전이시기 때문이다(계 21:22). 그러나 이렇게 표현한 것은 순교자들의 기도와 우리의 기도가 어떻게 상달되는지 그 배경을 설명하기 위해서 도입한 것이다. 우리가 꿈을 꿀 때 배경 없이 꿈을 꾸는 경우는 없다. 반드시 배경인 옛날에 살던 집이나 옛날에 놀던 마을이나 장소가 등장한다. 그런 후 내용이 진행된다. 마찬가지로 계시록은 환상이다. 마치 꿈과 같은 환상이다. 그러므로 반드시 배경이 있어야 한다. 그 배경을 지금 금향로와 금 제단으로 하고 있는 것이다. 왜냐하면 순교자들이 이 번제단 밑에 있기에 이들의 기도를 담아 하나님께 상달해야 나팔 재앙이 시작되기에 그것을 지금 설명하기 위해 제단이라는 배경과 금향로를 도입한 것이다.

관용어적으로 번제단은 언제나 전 삼 년 반 이전의 순교자들의 기도처 이기에 번제단이 등장했다는 것은 아직 계시록 8장에서 공중 재림이 이루어지지 않았다는 뜻이며 또한 7년 환난의 시작이 순교자들의 기도 응답으로 시작된다는 것을 말하며(계 6:9) 나팔 재앙은 재앙의 시작이라는 것을 말한다.

천사가 금향로를 전달함

계시록 8장 4절을 보면 "향연이 성도의 기도와 함께 천사의 손으로

부터 하나님 앞으로 올라가는지라"하며 '향연'이라는 말이 나오는데 이 말의 헬라어는 "호 카프노스(연기) 톤 뒤미마톤(향.향가루)"으로 이는 향 연기를 말한다. 그런데 본 절을 보면 "향연이 성도의 기도와 함께 천사의 손으로부터"하며 계5:8절에서는 이 향연이 성도들의 기도라 하고 있지만 본 절에서는 향연은 그냥 향의 연기이고 성도들의 기도는 별도로 '성도의 기도'로 구별하고 있다. 즉 향연은 향연대로 하나님께 상달되었고, 성도들의 기도는 성도들의 기도대로 하나님께 상달되었다는 뜻이다. 그런데 8장에서 성도들이 기도라 하면 이는 순교자들의 기도만을 말한다. 왜냐하면 번제단 밑에서 기도하는 자들은 순교로 죽은 성도들을 의미하기 때문이다. 결국 이들의 기도응답으로 나팔재앙이 시작되고 재림이 시작되는 것이다.

한편 "천사의 손으로부터 하나님 앞으로 올라가는지라"하며 천사의 손으로부터 그 향로가 하나님께 상달된다고(아나바이노) 하고 있는데 이 천사는 생물천사이다(계5:8). 혹자는 이 천사가 중보자의 역할을 하기에 예수님이라 하지만 말씀 드렸듯이 이는 '앙겔로스'인 천사로 되어있다. 천사의 중보자의 역할이란 중간에서 편지를 전달하는 우편 배달부에 지나지 않는 봉사자, 심부름꾼이란 뜻이다.

관용어적으로 기도는 천사가 금향로에 담아 하나님께 상달하는 것이다.

지진이 나더라

계시록 8장 5절을 보면 "천사가 향로를 가지고 제단의 불을 담아다가 땅에 쏟으매 우레와 음성과 번개와 지진이 나더라." 하는데 여기서 천사가 다시 향로를 가지고 번제단의 숯불을 담아다가 땅에 쏟으매 지진이 났다고 한다. 앞에서 언급했듯이 번제단은 전 삼년 반까지 순교한 순교자들의 기도 장소이다. 그리고 향로는 이 번제단 밑에서 기도하던 순교자들의 기도가 담겨져 있는 대접이다. 그런데 그 대접을 땅에 쏟으니 우레와 음성과 번개와 지진이 났다고 하는데 계시록 6장 12절에서 말씀드린 것 같이 우레와 음성과 번개만 있으면 이는 형벌에 대한 예고의 관용구이나 여기에 지진이 동반하면 형벌에 대한 집행의 관용구라고 말씀드렸다. 그런데 본 절에 지진이 동반되었다고 함으로 이는 형벌이 집행되기 시작했다는 말이다. 이렇게 지진이 났음으로 짐작할 수 있는 것은 이제 형벌이 집행되기 시작했음으로 천사장들이 가지고 있는 나팔이 이제 본격적으로 불리기 시작할 것이라는 것이다. 그래서 6절부터 형이 집행되는 나팔을 불기 시작함으로 바야흐로 이제부터 본격적으로 7년 환난의 서막이 시작되어 전 삼 년 반이 시작되는 것이다.

여기서 향로(리바노톤)를 가지고 '제단의 불을 담아다가 땅에 쏟으매' 할 때 제단은 번제단인 순교자들의 기도 장소를 말하고, 향로에는 순교자들의 신원기도가 담겨져 있었다. 그런데 이것을 땅에 쏟자 형 집행이 시작되어 7년 환난이 시작되었다고 했다. 그런데 이렇게 순교자들의 기도를 땅에 쏟자 형 집행이 시작되었다는 것은 곧 7년 환난이 순교자들의 기도 응답의 결과로 시작되었다는 뜻이다. 그러므로 우리의 기도가 응답이 없는 것 같아 보이지만 언젠가 향로에 기도가 가득 쌓이면 반드시 응답은 오는 것이다.

"지진이 나더라(세이스모스)." 나팔 재앙이 재앙의 집행인 시작이고, 인 재앙은 재앙의 집행이 아닌 열람이라고 앞에서 말씀드렸는데 그 이유가 바로 지진 때문이다. 왜냐하면 지진은 형이 집행되고 있음을 시사하는 말인데 이렇게 형이 집행되는 지진이 계시록에서 최초로 등장하는 곳이 본 절이기 때문이다. 물론 계시록 6장 12절에 나오기도 하지만 앞에서 말씀드린 것 같이 이는 앞으로 일어날 것을 열람한 것뿐이지 실제로 계시록 6장에서 지진이 일어난 것은 아니다. 그래서 본 절의 지진이 환난의 시작인 전 삼년 반의 시작을 알리는 지진인 것이다.

여기서 '담아다가'라는 말의 헬라어는 '에게메센'인데 이 말은 '가득하게 채우다'라는 '게미조'에서 유래가 되었는데 이 말은 '부풀다, 가득 차다'라는 '게모'에서 유래된 말로 순교자들의 기도가 금향로에 가득함을 의미한다. 또한 '쏟으매'인 '에발렌'은 '발로(던지다)'의 부정 과거형으로 동작의 완료를 나타내는 말로 완전하게 쏟았음을 나타낸다.

관용어적으로 지진은 형 집행을 말하는데 지진이 났다는 것은 이제부터 전 삼년 반이 시작되었다는 뜻이다.

스타트라인에 서 있는 일곱 나팔 전사

계시록 8장 6절을 보면 "일곱 나팔을 가진 일곱 천사가 나팔 불기를 준비하더라"하고 있는데 일곱 나팔 재앙들은 재앙의 내용상 두 가지로 나뉜다. 처음의 네 재앙들은 자연계에 대한 심판이고 나머지 세 재앙은 인간에게 직접 행하는 심판이다. 그리고 재앙의 목적면에서 본다면 처음의 재앙들은 인간들로 하여금 회개하도록 하기 위하여 자연들을 파괴하는 것이고(계9:20), 나머지는 그래도 회개하지 않는 인간들의 생명을 위협하는 직접적인 심판이다.

그런데 본장 첫 번째부터 네 번째 나팔 재앙은 계11:6절의 두 증인이 행한 기적 때문에 일어난 재앙이며 또한 첫 번째부터 네 번째 재앙은 순서상으로는 첫 번째부터 네번째 재앙의 순으로 기록 되었지만 실제적으로는 한 재앙이 끝나면 또 다시 두 번째 재앙이 시작되는 것이 아니라 동시 다발적으로 자연계에 임하는 재앙이다.

또한 '나팔을~ 준비하더라'에 해당하는 헬라어는 '살핑가스(나팔) 헤토이마산(준비)'인데 '헤토이마산'은 '헤토이마조(준비하다)'의 부정과거 능동태로 이는 천사들 스스로가 그 신호를 알고 있어서 준비하고 있음을 시사한다. 이 말은 천사들이 지진이 나자 형집행이 시작되었다는 알고 그들 스스로가 나팔을 챙기고 나팔을 불려고 준비했다는 말이다. 또한 '나팔불기'라는 헬라어는 '살피소신'은 '나팔불다'라는 뜻을 가진 '살피조'에서 유래했다.

관용어적으로 일곱나팔 가진 천사들이 준비한 것은 마치 100미터 경기의 스타트라인에 서 있는 것과 같은 상태를 말한다.

첫 번째 나팔 재앙인 삼분의 일 재앙

계시록 8장 7절을 보면 "첫째 천사가 나팔을 부니 피 섞인 우박과 불이 나와서 땅에 쏟아지매 땅의 삼분의 일이 타 버리고 수목의 삼분의 일도 타 버리고 각종 푸른 풀도 타 버렸더라." 하며 "나팔을 부니" 즉 나팔을 불기 시작했다고 하는데 나팔은 앞에서 말씀드렸듯이 시작을 알리는 신호이다.

그런데 이렇게 나팔을 불자 "피 섞인 우박과 불이 나와서" 하고 있는데 본문의 첫째 나팔 재앙은 이스라엘 민족이 출애굽 할 때에 애굽인들에게 내린 10가지 재앙 중 일곱 번째와 유사하나(출 9:22,23), 애굽인들에게 내린 일곱 번째 재앙에 없던 '피 섞인'이란 표현이 첨가되어있다. '피 섞인'에 대해 혹자는 지중해에서 볼 수 없는 사하라 사막의 붉은 색을 띤 모래에 의해서 생겨난 현상이라고 주장하나 이는 실제로 번개치며 피 섞인 우박과 불이 내렸다는 말로 우박에 피가 섞임으로 출애굽 때보다 더 혹독하다는 말이다. 그런데 여기서 피가 섞였다고 하는데 피는 죽음을 상징하기에 이는 하반 절에 나무와 풀이 죽을 것을 예고하고 있는 것이다. 또한 불이 내렸다고 하는데 이는 번갯불을 의미하는말로 불을 고대 이스라엘 사람들은 하나님의 심판을 받아 철저하게 파멸되는 것을 말하는 관용어로 사용했다. 그러므로 이 말을 정리하면 첫번째 나팔이 불자 번개 치며 피 섞인 우박이 떨어지며 동시에 번갯불이 나무와 풀에 떨어져 불이 붙었다는 말이다. 즉 번갯불이 나무나 풀에 떨어지면 산불이 나는 것은 당연한 현상이다.

'땅에 쏟아지매' 할 때 '쏟아지매'의 헬라어 '에블레데'는 '던지다, 붓다'라는 '발로'의 부정 과거 수동태 단수로서 우박과 번갯불이 땅에까지 떨어짐을 의미한다. 우리말로 표현하면 땅이 번갯불을 맞았다는 말이다.

한편 '삼분의 일'이란 말은 본장 7~12절에서 12번이나 나오는데 유대인들에게 있어 12라는 숫자는 관용어적으로 기초의 형성을 의미한다. 즉 세상을 심판할 기본 준비가 다 되었다는 뜻이다. 그런데 여기서 삼분의 일이라는 말의 헬라어는 '토 트리톤(세 번째=서수) 호 게(땅)'라는 말로 여기서 '트리톤'은 '세 번째, 세 번째 부분'이라는 '트리토스'에서 유래가 되었는데 '토리토스'는 '3, 셋'이라는 '트레이스'에서 유래가 되었다. 그런데 이 '트리톤'은 누가복음 20장 12절에서는 '세 번째 종으로'라고 해석하고 있고, 마가복음 14장 41절에서도 세 번째로 해석하고 있다. 그러므로 이는 세 번째 부분이라는 말로 해석해도 관계 없으나 정확히 말하면 서수 세 번째라는 뜻이다. 즉 이 말은 이 나팔 재앙

이 첫 번째 재앙이 아니라 실제로는 세 번째 재앙(피해)이라는 말이다. 그렇다면 첫 번째 재앙(피해)는 언제 있었는가? 첫 번째 재앙은 계시

록 16장의 대접재앙 피해를 말하고, 두 번째 재앙은 계시록 9장의 세계 3차 전쟁으로 인한 피해를 말하고, 세 번째 재앙은 본 장으로 전전 삼년 반의 자연 재앙을 말한다. 또한 이를 3분의 1로 해석을 해도 대접재앙은 3분의 3인 전체 재앙이고, 계시록 9장의 세계 3차 전쟁은 3분의 2의 재앙이고, 본장 3분의 1의 재앙은 자연 재앙이다.

또한 "수목의 삼분의 일도 타 버리고 각종 푸른 풀도 타 버렸더라." 하며 수목과 각종 풀의 삼분의 일이 타버렸다고 한다. 혹자는 '땅'은 세상 죄인들이 사는 곳이고, '수목'은 세상 권세 자들을 말하고, '각종 풀'은 평민들을 말한다고 하는데 피 섞인 우박이 문자적인 것 같이 이는 실제적인 재앙이다. 본 재앙의 원인은 계시록 11장 6절을 보면 두 증인이 엘리야처럼 비가 내리지 않게 하는 기적을 행한다. 이로 인해 오존층이 파괴되어 비가 내리지 않게 된다. 그로인해 온 대지와 수목과 들풀들은 봄철 낙엽처럼 바짝 마른 상태가 된다. 그런데 이때 불을 담당한 천사가 피 섞인 우석과 함께 번갯불을 땅에 내리자 불길은 걷잡을 수 없이 번져 삼분의 일의 수목과 각종 풀을 불사르게 된다.

이렇게 본 절은 땅과 바다와 나무를 삼분의 일로 제한 하지만 계시록 7장 1~3절은 무제한적이다. 이렇게 무제한적 재앙은 계시록 9장 17절 핵 전쟁으로 사람뿐 아니라 땅과 바다와 나무가 무제한적으로 맞이하는 재앙을 말한다. 그런데 본장 첫 번째 재앙부터 네 번째 재앙은 전 삼 년 반에 일어날 자연스러운 자연 재해이다. 다시 말해 이 정도의 재앙은 강도의 차이는 있지만 역사 이래 얼마든지 있던 재앙이었다. 그래서 사람들은 전삼년 반에 이런 재앙들이 밀려와도 이것이 7년 환난의 시작이라 생각하지 않고 자연 재해 중 하나 정도로만 여긴다. 그래서 전 삼년 반에 이방인들은 환난이 왔는지 안 왔는지도 모르게 전 삼년 반이 지나가는 것이다.

관용어적으로 삼분의 일의 재앙은 세 번째 재앙을 말하는 것이다.

둘째 나팔 재앙으로 인한 피 바다란

계시록 8장 8절을 보면 "둘째 천사가 나팔을 부니 불붙는 큰 산과 같은 것이 바다에 던져지매 바다의 삼분의 일이 피가 되고" 하고 있는데 본 절의 둘째 나팔 재앙은 이스라엘 백성이 출애굽 할 때 애굽 인들에게 내린 첫째 재앙과 유사한 것으로 바다에 대한 하나님의 심판을 나타낸다(출 7:14~25).

"불붙는 큰 산과 같은"이라는 말의 헬라어는 '호스(같이) 오르스(산) 메가(큰) 퓌리(불) 카이오메논(타다)'라는 말로 '불에 타는 큰 산 같은'이란 뜻으로 산에 불이 붙은 것을 말한다. 혹자는 불에 타고 있는 큰 산을 예레미야 51장 25절의 바벨론 멸망을 말한다고 하지만 바벨론 멸망은 후 삼년 반에 있을 일이고, 본 절은 전 삼년 반 초반에 있을 일이기에 맞지 않는다. '불붙은 산'을 현대어 성경에서는 화염에 싸인 큰 산 덩어리로 나오지만, 히브리서 12장 18절을 보면 율법을 받을 때 마치 시내 산이 불붙는 산과 같았다고 나온다.

그런데 본 절을 보면 '같은 것이(호스)' 하며, ~~같은 이란 은유법을 씀으로 이는 불붙은 큰 산이 히브리서 12장 18절과 같은 산이나, 바벨론 멸망을 말하는 것이 아니라 단지 불붙은 산과 같음을 비유하고 있음을 알 수 있는 것이다. 그렇다면 이 불붙은 큰 산과 같은 것이란 무엇일까? 유대인들은 불붙은 큰 산과 같은 것을 에녹1서 18절에 의해 "나는 땅속 깊은 곳에서 불타는 거대한 산과 같은 일곱 개의 별을 보았다." 라는 말을 근거로 이는 7천사의 활동의 결과인 화산활동으로 본다. 다시 말해 이 말은 땅 속에 있는 거대한 일곱 개의 산이 천사의 활동에 의해 화산 폭발이 일어남으로 이 거대한 산이 수면 위로 솟구쳐 오르게 되는데 이렇게 솟구쳐 오르는 것을 요한 사도는 불붙은 큰 산 같은 것으로 표현한 것이다. 이렇게 화산 폭발에 의해 불붙은 거대한 산이 솟구쳐 오르게 되면 그 열기 때문에 첫째로 염분이 타서 적조 현상이 일어나고, 둘째로 대형 쓰나미가 발생한다.

"바다의 삼분의 일이 피가 되고" 라는 말의 헬라어는 '에게네트(되다) 호 트리톤(세 번째) 테스 달랏세스(바다) 하이마(피)'로 이는 세 번째로 피 바다가 되었다는 말로 피는 언제나 죽음을 상징하는 관용어 이기에 본 절의 피도 죽음을 말한다. 그러므로 다음 절인 9절의 내용을 예측할 수 있게 한다. 이렇게 바다가 세 번째로 또는 삼분의 일이 피 바다가 되는 것은 적조현상 때문이다. 왜냐하면 녹조는 녹색 강물을 말하지만 적조는 붉은색 바다를 말하는데 이는 염분과 미네랄이 화산의 열에 타서 생기는 현상이다. 첫 번째 재앙부터 네 번째 재앙까지는 자연 재앙이지 사람이 죽는 재앙이 아니기에 피는 적조와 같은 것을 말하는 것이다.

만약 바다가 실제로 피로 되었다면 이는 사람이 죽은 결과이지만 본 장은 자연 재앙이기에 사람의 피가 아닌 적조현상과 같은 자연 현상인 것이다. 이런 적조 현상은 강도의 차이가 있을 뿐 역사 이래 수도 없이 많이 발생했기에 사람들은 이런 재앙이 일어났을 때 7년 환난이 시작되었다고 생각하지 않고 그냥 자연 현상의 하나로 여기며 회개하지 않는다.

관용어적으로 '불붙는 큰 산'이란 바다 속에 있는 7개의 거대한 산을 말하는데 이 산들이 천사들의 활동으로 인해 바다 속에서 화산 폭발을 일으켜 수면 위로 솟구쳐 올라온 것을 말하고, 바다가 피 바다가 되었다는 말은 적조현상을 말한다.

바다생물이 죽고 배들이 깨진 이유

계시록 8장 9절을 보면 "바다 가운데 생명 가진 피조물들의 삼분의 일이 죽고 배들의 삼분의 일이 깨지더라"하며 바다 가운데 생명 가진 피조물들의 삼분의 일이 죽는다고 하고 있는데 이는 바다속 7개 산에서 화산이 폭발해 나타난 적조 현상인데 이로 인해 바다의 일부가 독금물이 된다. 그 결과 바다생물의 3분의 1정도가 적조로 인해 죽게 되는데 이는 계11:6절의 두증인이 행한 기적 때문이다.

또한 '배들의 삼분의 일이 깨지더라'하고 있는데 바다속에 있는 7개 산에서 대형 화산 폭발과 함께 대형지진이 일어나 해일이 발생해 대형 쓰나미가 생기게 되는데 그로 인해 해안가에 있던 3분의 1에 해당하는 많은 배들이 피해를 입게 된다. 여기서 '깨지더라'에 해당하는 헬라어' 디엡흐다레'는 '디압흐데이로'에서 유래한 말로 '디압흐데이로'는 '디아발로(비방하다.비난하다)'+'흐데이로(상하게되다.멸하다.주름지다)'='철저하게 부패(상하다)하다'라는 말에서 유래가 되어 '파괴하다.멸망하다'라는 뜻을 가지는데 이는 철저하게 파괴되었음을 뜻하는 말이다. 그러므로 이런 대형 쓰나미로 인해 많은 배들이 파괴될 것을 예고 하고 있다.

관용어적으로 바다 생물이 죽고 배들이 깨지게 된 것은 적조현상과 대형 쓰나미의 결과이다.

횃불같이 타는 큰별이 떨어졌다는 말

계시록 8장 10절을 보면 "셋째 천사가 나팔을 부니 횃불같이 타는 큰 별이 하늘에서 떨어져 강들의 삼분의 일과 여러 물 샘에 떨어지니" 하고 있는데 고대에서 빛을 발하며 떨어지는 별이나 운석은 멸망과 고난의 전조 증상으로 생각하였고 또한 성경에서도 종종 인간들에게 임할 고난이나 심판에 대한 예언이 '떨어지는 별'로 상징되고 있다(겔 32:7; 욜 2:10;마 24:29).

본 절의 '횃불같이'라는 말의 헬라어는 '호스(같은) 람파스(횃불,불,등)'로 '횃불 같은'이라는 말로 '~~같은'이라는 은유법을 쓰고 있음으로 이는 실제 횃불이 아닌 불덩어리 같이 보이는 다른 존재를 뜻하는 말이다. 그러면서 '타는 큰 별이' 라고 했는데 이 말의 헬라어는 '아스텔(별) 메가스(큰) 카이오메노스(빛내다, 타다)'라는 말로 이는 '타는 큰 별' 또는 '빛나는 큰 별'이라는 말로 이는 마치 하늘에서 별똥별이(유성, 빛나는 별) 강에 떨어졌다는 말이다. 여기서 별이 실제로 별일 수도 있지만 계시록 1장 20절을 보면 별이 '앙겔로스' 천사로 되어 있기에 이 별은 천사를 말한다.

혹자는 별을 타락한 목사나 사단으로 보는데 여기서 별은 하나님으로부터 특별한 미션을 받은 우리엘 천사로 봐야 한다(계 9:1). 왜냐하면 이 별이 실제 별이 아니기에 횃불 같은 이라는 은유법을 쓰고 있고 또한 불의 천사장 하면 우리엘 천사장을 말하기 때문이다. 그러므로 여기서 별인 우리엘 천사장과 그 그룹들이 떨어짐으로 세 번째 나팔재앙은 첫 번째와 두 번째보다 더 견디기 힘든 고난이 될 것이다.

'강들의 삼분의 일과 여러 물샘에 떨어지니' 하고 있는데 이 말의 헬라어는 "카이 에페센(핍토=떨어지다) 에피(위에) 토 트리톤(세 번째) 토 포타몬(강), 카이 에피(위에) 타스 페가스(샘, 원천, 근원, 우물) 휘다톤(물)"라는 말로 '이는 강들의 3분의 일에(세 번째) 떨어지고 그리고 물들의 원천인 샘들 위에 떨어졌다.'라는 말로 이는 우리엘 천사장과 그 그룹에 속한 천사들이 강들과 샘에 떨어졌다는 말인데 여기서 샘은 물의 근원을 말한다. 다시 말해 샘에서 시작된 물이 후에 강을 이루기에 샘을 물의 근원이라 하는 것이다. 그래서 본 절의 '물 샘'은 물의 근원이 되는

'샘'을 의미하는 것이다. 그런데 여기서 유의해야 할 것은 강 전체인 '홀 로스(전체)'나 '파스(전체)'가 아닌 삼분의 일이라 하는 부분과 또한 모든 샘이 아닌 '테스 페가스'라 하며 일부 특정한 샘들에게만 떨어졌다고 하는 것이다. 이는 아직 무제한적이지 않고 한정적이라는 말로 아직도 기회가 있다는 것을 말한다.

이렇게 횃불같이 타는 천사인 불의 천사인 우리엘 천사와 그 그룹 천사가 불덩어리를 가지고 강들과 샘들에 떨어지면 강들과 샘 속에 있는 플랑크톤이 죽게 된다. 이렇게 플랑크톤이 죽게 되면 강과 여러 샘들에서는 녹조현상이 나타나게 된다. 그 결과 11절에 많은 사람들이 죽게 되는 것이다.

관용어적으로 횃불같이 타는 별은 불의 천사장인 우리엘 천사와 그 그룹에 속한 천사들을 말하고 이들이 강들과 샘들에 떨어졌다는 것은 녹조 현상을 말한다.

쓴쑥

계시록 8장 11절을 보면 "이 별 이름은 쓴 쑥이라 물의 삼분의 일이 쓴 쑥이 되매 그 물이 쓴 물이 됨으로 많은 사람이 죽더라." 하며 '이 별의 이름을 쓴 쑥이라' 하는데 이 말의 헬라어는 '토 오노마(이름) 투 아스테루스(별) 레게타이(레고=말하다) 압신도스(쓴 쑥, '쓴맛')'로 이는 '그 별 이름은 쓴 쑥이라 말한다.'라는 말로 횃불같이 타는 별의 또 다른 닉네임(별명)이 쓴 쑥이라 소개하고 있다. 그런데 여기서 쓴 쑥은 근동 지방에서 자라는 '아르테메시아 압신디움'이라는 아주 쓴 물풀을 가리키는 것으로 구약에서는 '비애, 슬픔, 고통, 멸망'을 상징했고, 유대인들은 쓰다는 말을 역경과 재난을 상징하는 관용어로 사용하였다. 또한 고대에서는 쑥을 심판의 고통으로 보았다.

계시록 16장 5절을 보면 '물을 차지한 천사가 있다.' 하며 물을 관리하는 천사가 있다고 함으로 횃불같이 타는 별도 이러한 불을 담당하는 천사 임에 틀림없을 것이다. 이 천사는 말씀드렸던 같이 우리엘 천사장과 그 그룹 천사를 말한다. 그런데 혹자는 이 쓴 쑥을 산업화의 발달로 인한 오염으로 보기도 한다. 제가 쓴 쑥을 녹조현상이라 하는 이유는 녹조는 쑥과 같이 녹색이기 때문이며 또한 물풀도 녹색이기 때문이다. 그러므로 물이 녹색이면 녹조현상인 것이다. 그리고 실제로 쓴 물(마라)이 있었다고 출애굽기 15장 23절에 나온다.

"쓴 물이 됨으로 많은 사람이 죽더라." 하며 사람이 죽었다고 하는데 이렇게 사람이 죽은 것은 셋째 재앙에서만 나오는데 그 이유는 식수인 일부 강물과 샘에 녹조인 쓴 물인 독극물을 먹게 되니 죽을 수밖에 없었기 때문이다. 지금도 아프리카에 가면 물로 인해 전염병에 걸려 죽는

사람이 수도 없이 많은 것 같이 강물과 샘물이 쓴 물이 되었다면 많은 사람들이 그 물로 인해 죽게 될 것은 당연한 것이다.

관용어적으로 쓴 쑥은 녹조현상이나 마라의 물을 나타내는 말로 이 오염된 쓴 물을 먹으면 사람은 죽을 수밖에 없게 된다.

타격을 입어 어두워지니

계시록 8장 12절을 보면 "넷째 천사가 나팔을 부니 해 삼분의 일과 달 삼분의 일과 별들의 삼분의 일이 타격을 받아 그 삼분의 일이 어두워지니 낮 삼분의 일은 비추임이 없고 밤도 그러하더라." 하며 넷째 천사가 나팔을 부니 해, 달, 별 삼분의 일이 타격을 받았다고 하는데 여기서 '타격'을 받았다는 말은 헬라어로 '에플레게'는 본래 '때리다, 타격하다, 치다'라는 뜻을 지닌 '플렛소'의 부정 과거 수동태로 이는 해와 달과 별들이 '다른 어떤 것에 의해 큰 타격을 받아 본래의 빛을 잃었다'는 것을 뜻하는 말이다.

그래서 타격을 받았다는 말을 성경 사전으로 찾아보면 '갑자기 무슨 영향을 입어 기운이 꺾이고 손실되었다.'는 말로 되어 있는데 이를 계시록 9장 2절에선 연기로 인해 해, 달, 별이 가려져서 빛을 잃었다고 나온다. 그러므로 해와 달과 별들이 타격을 받았다는 말은 혜성에 부딪쳐 타격을 받은 것이 아니라 계시록 9장 2절에서 말하는 것 같이 연기 즉 미세먼지나 황사나 스모그와 같은 것들의 영향을 받아 해와 달과 별들이 빛을 잃은 것을 말한다. 이는 마치 구름이 해, 달, 별을 가리면 그늘이 생겨 어두워져서 해와 달과 별들을 보지 못하는 같이 지금 해, 달, 별에 구름인 연기나 스모그와 같은 것이 끼어서 빛이 비추지 못해 어두워졌다는 말이다.

이는 출애굽기 10장 22절의 흑암의 재앙을 생각해 보면 쉽게 이해가 갈 것이다. 혹자는 이 현상을 계시록 6장 12절과 같은 사건으로 보는데 이 구절에서는 해와 달과 별이 땅으로 떨어지는 현상으로 본 장과는 그 차원이 다르다. 본장은 해와 달과 별은 그대로 빛을 내고 있는데 그 사이에 어떤 구름이나 연기나 스모그와 같은 것이 끼어서 단지 그 빛이 땅인 지구에 전달되지 못해 하늘이 어두워진 상태를 말한다. 그래서 '어두워지니'라는 말의 헬라어 "스코티스데"가 '어둡게 되다, 어두워지다'라는 '스코티조'의 단순과거 수동태 명령법으로 이 '스코티조'는 '스키아(그늘 4639)'에서 유래되었는데 그 뜻은 그늘로 인한 어두움을 말하는 것이다. 그러므로 '어두워지니'라는 말은 '그늘로' 인한 어두움을 말하는 것이지 흑암과 같이 칠흑같이 어두운 밤을 말하는 것이 아니다.

그래서 '어두어지니' 할 때 헬라어로 '스코티조'를 썼지 '암흑'이라는 뜻의 '좁호스(2217, 벧후 2:4)'를 쓰지 않았던 것이다.

관용어적으로 해달별이 타격을 받아 어두워졌다는 말은 해와 달과 별이 구름이나 스모그에 가려 어두워졌다는 말이지 해달별이 땅으로 떨어져 암흑이라는 말이 아니다.

독수리와 세번화

계시록 8장 13절을 보면 "내가 또 보고 들으니 공중에 날아가는 독수리가 큰 소리로 이르되 땅에 사는 자들에게 화, 화, 화가 있으리니 이는 세 천사들이 불어야 할 나팔 소리가 남아 있음이로다 하더라." 하며 독수리가 나오는데 이 독수리를 시내 사본과 알렉산드리아 사본에서는 '아에투(독수리)'로 나오지만 플피리안 사본과 우리 성경에는 이 독수리가 '앙겔로스' 천사로 되어 있고, 페라르 그룹 사본에는 '앙겔루(천사) 호스(같은) 아에투(독수리)'라 해서 '독수리 같은 천사'로 나온다. 한마디로 본 절의 독수리는 새가 아닌 독수리 생물 천사를 의미한다.

한편 '화, 화, 화' 하며 세 번 외쳤는데 이는 앞으로 남은 화가 세번임을 말하는 동시에 그 남아 있는 세 가지 화가 아주 큰 환난임을 강조하는 강조용법이다. 여기서 화라는 말의 헬라어는 '우아이'라 해서 '슬픔의 탄성, 슬프다'라는 뜻을 가지고 있다. 그렇다면 세 번의 화는 무엇을 말하는가? 첫 번째 화는 계시록 9장 1~12절의 다섯째 나팔인 예루살렘 점령을 말하는 말이고, 두 번째 화는 여섯째 나팔로 계시록 9장 13~계시록 9장 21절인 세계 전쟁을 말하는 것이고, 세 번째 화는 일곱 번째 나팔로 계시록 11장 15~19절인 7대접 재앙을 예고하는 것을 말한다. 또한 계시록 11장 13,14절을 통해 볼 때 첫 번째 화와 두 번째 화와 세 번째 화라는 의미는 "시간과 순서와 관계없이 오버랩으로 다섯째 나팔과 여섯째 나팔과 일곱째 나팔을 의미하는 말이다. 그래서 본 절에서도 세 천사들이 불어야 할 나팔소리라 하고 있는 것이다.

"땅에 사는 자들에게 화가 있다." 고 하였는데 땅에 사는 자들이란 첫 번째 화인 예루살렘 포위 때 포위당한 이스라엘 사람들이 당하는 환난을 말하고, 두 번째와 세 번째 화는 공중 재림 후 이 땅에 남겨져 후 삼년 반의 환난을 통과하는(계 11:13,14) 사람들을 말한다. 이렇게 땅에 거하는 자들에게 환난이 있으리라 하며 미래적으로 말한 것을 통해 알 수 있는 것은 미래에는 땅에 거하지 않고 공중 혼인 잔치에 참여한 사람들도 있고 땅에 계속 거할 사람들도 있게 된다는 것이다. 그래서 미래에는 땅에 거하는 사람에게만 화가 있을 것이 라고 한 것이다. 그러므로 제가 주장하는 것 같이 환난 중간에 휴거가 있는 것이다. 그 휴거 시기는 첫 번째 화에 해당하는 다섯 번째 나팔인 예루살렘 점령과 동시에 임할 것이다.

관용어적으로 독수리는 새가 아닌 독수리 생물 천사를 말하고 세 번 화를 말한 이유는 세 번의 화가 남은 세 천사의 나팔을 말하기 때문이다.

퍼즐 레마 성경 공부

오흥복 목사의 저서 시리즈

**헬라어적 관점과 역사론적 관점과 관용어적 관점으로 본
하존 요한 계시록 1권(계1-계3장 까지)**
헬라어적 관점이란 개정성경의 각 장의 요절들을 헬라어로 쉽게 해석했다는 말이며 또한 헬라어의 유래를 찾아 헬라어가 어떻게 변했는지 쉽게 설명하고 있다는 말입니다. 또한 역사론적 관점이란 요한 계시록을 역사론적으로 해석하고 있다는 말이며, 관용어적 관점이란 요한 계시록이 관용어로 연결되어 있는 것을 관용어를 찾아 설명하고 있다는 말입니다. (가격 11,000원)

**헬라어적 관점과 역사론적 관점과 관용어적 관점으로 본
하존 요한 계시록 2권 (계4-계8장 까지)**
요한 계시록은 관용어로 기록되어 있는데 이 관용어를 히브리어로 마샬이라 하는데 마샬을 다른 말로 하면 잠언이란 뜻입니다. 예수님의 비유를 헬라어로 파라볼레라 하는데 이 파라볼레의 유래가 마샬로 되어있습니다. 이 마샬을 쉽게 해석하면, 관용어, 속담, 격언이란 뜻입니다. 그런데 계시록이 바로 이 관용어인 마샬로 연결되어 있다는 것입니다. 그러므로 본 책을 보시면 계시록을 기록할 당시 요한이 이 관용어를 어떻게 사용해서 계시록을 기록했는지 알 수 있게 됩니다. (가격 11,000원)

**헬라어적 관점과 역사론적 관점과 관용어적 관점으로 본
하존 요한 계시록 3권(계9-계12장 까지)**
계시라는 말에는 헬라어 '아포칼륍시스'와 히브리어 '하존'이라는 말이 있는데 '아포칼륍시스'는 자연계시, 일반계시, 특별계시, 기타등등의 계시라 해서 광역적인 계시를 말하고, 하존이란 한 가지 주제에 포커스(초점)을 맞추고 집중 조명하는 것을 말하는데 제가 쓴 책인 이 요한 계시록이라는 책이 바로 종말(하존)에 포커스를 맞추고 쓴 책입니다. (가격 11,000원)

**헬라어적 관점과 역사론적 관점과 관용어적 관점으로 본
하존 요한 계시록 4권 (계13-계17장 까지)**
이 책을 선택하신 여러분은 탁월한 선택을 하신 것입니다. 왜냐하면, 한국에서 헬라어적 관점과 역사론적 관점과 관용어적 관점으로 요한 계시록이란 책을 쓴 사람이 없고, 이 세 가지 입장에서 세미나를 하시는 분도 한 분도 없기 때문입니다. 그러나 저는 이 세 가지 관점에서 이 책을 썼습니다. (가격 12,000원)

**헬라어적 관점과 역사론적 관점과 관용어적 관점으로 본
하존 요한 계시록 5권 (계18-계19장,계21-계22장 까지)**

관용어란 히브리어로 '마솰'이라 하는데 이 말은 잠언을 말하는 말인데 그 뜻은 "속담, 격언, 관용어"란 뜻을 가지고 있습니다. 그런데 이 마솰에서 비유라는 사복음서의 파라볼레가 유래 되었는데 이를 관용어라 합니다. 그런데 놀랍게도 요한 계시록은 제1장부터 22장까지 이 비밀코드인 마솰(파라볼레=관용어)로 다 연결되어 있다는 것입니다. (가격 12,000원)

**헬라어적 관점과 역사론적 관점과 관용어적 관점으로 본
하존 요한 계시록 6권 (계22장)**

계시록은 관용어라는 비밀코드로 연결되어 있습니다. 그러므로 이 관용어인 비밀코드를 알지 못하면 요한 계시록은 해석될 수 없습니다. 그런데 저의 본 책이 바로 이 비밀코드를 푸는 열쇠가 될 것입니다. 왜냐하면, 계시록에 나와 있는 관용어를 다 정리해 놓았기 때문입니다. 여기서 관용어란 속담,격언,잠언,비유를 말하는 말입니다. (가격 12,000원)

뉴 동의보감

어느 약사 장로님이 저의 이 책을 보시고 말씀하시길 "허준의 동의보감보다 목사님이 쓰신 이 책이 동의보감보다 더 잘 쓰셨습니다"하고 말씀 하시는 것을 들어 보았습니다. 그 약사 장로님이 말씀 하신 것 같이 이 책에는 어느 병에는 어느 약초들이 좋은지 그 약초들의 소개로 가득차 있습니다. 저 또한 몸에 병이 올때 제가 쓴 이 책에 나오는 약초들을 사용함으로 거의 대부분의 병을 치료받곤 했습니다.(가격 11,800원)

나는 기도응답을 100% 받고 있다

저자 오흥복 목사는 2003년까지만 해도 기도응답을 거의 받지 못했지만 기도의 방법을 바꾸고 나서 거의 100% 기도 응답을 받고 있다. 이 책에서는 이렇게 거의 100% 기도 응답 받을 수 있는 방법이 제시되고 있다. 여러분들도 이 책에서 제시하는 방법대로 기도하는 순간, 기도응답을 거의 100% 가까이 받게 될 것이다. (가격 12,000원)

기도응답은 만들어 받는 것이다

이 책은 1권인 "나는 기도응답을 100% 받고 있다"라는 책의 후속 편으로 1권을 기반으로 썼기 때문에 1권을 보시지 않고, 이 책을 읽으면 잘 이해가 되지 않는 부분이 있습니다. 그러므로 반드시 1권을 읽으시고 이 책을 대하시길 바랍니다. 이 책은 지금 당장 문제 가운데 있는 분들이 보신다면 흑암의 터널을 통과하는 서광이 될 것입니다. (가격 11,000원)

이젠 돈 걱정 끝

이 책은 물질에 대한 이해와 기본구도에 대해 설명하고 있는데 이 책을 보시면 물질이 어떻게 움직이는지 알게 됩니다. 뿐만 아니라 이 책의 핵심은 번제인데, 번제는 힘으로도 안 되고, 눈물로도 안 되고, 기도로도 안 되던 문제를 해결하는 만병통치약과 같은 것으로 이 번제에 대하여 아주 잘 설명하고 있습니다. 또한 이 책과 "부자들의 이야기 그들은 이렇게 해서 부자가 되었다"라는 책과 한국의 탈무드1.2.3"권은 한 권의 책이라 보시면 됩니다. 그러므로 물질 문제를 해결하기 위해서는 이 책과 부자들의 이야기와 한국의 탈무드1.2.3권의 책을 반드시 같이 보셔야 합니다.(가격 12,000원)

한국의 탈무드 1

이 책은 묵상이 무엇이며, 무엇을 묵상해야 하며, 인생의 답인 지혜에 대하여 자세히 다루고 있습니다. 또한 이 책에서는 솔로몬이 가졌던 지혜를 누구나 가질 수 있음을 말하고 있는데, 그 방법은 4가지를 통해 가질 수 있고, 또한 생활 가운데 그 지혜를 활용하는 방법이 소개되고 있습니다. 사실 이 책과 "이젠 돈 걱정 끝이란 책과 부자들의 이야기 그들은 이렇게 해서 부자가 되었다"란 책은 한 권이라 보면 됩니다. 그러므로 이 책을 보신 분들은 "이젠 돈 걱정 끝과 부자들의 이야기"라는 책을 반드시 참고 하셔야 합니다.(가격 11,000원)

한국의 탈무드 2

이 책은 "한국의 탈무드 1"을 기반으로 쓰여 진 책으로 성공의 원리와 삶의 원리를 다루고 있습니다. 성공도 그렇고, 삶도 그렇고 모든 것에는 원리가 있습니다. 그래서 이 원리에 맞게 움직이면 우리는 누구나 다 성공할 수 있고, 원리에 맞게 움직이지 않으면 공부를 많이 했어도 실패할 수밖에 없는 것입니다. 저는 이 책에서 지혜를 갖는 원리와 성공과 생활의 원리 약80여 가지를 다루고 있습니다. 여러분들이 이 책에 나와 있는 원리를 잘 알고, 적용하시면 아마 100%성공적인 삶을 살게 될 것입니다. (가격 11,000원)

한국의 탈무드 3
하나님이 주신 지혜인 영감과 원리를 가지면 세상을 정복할 수 있습니다. 그런데 이 책엔 이런 원리와 예화가 가득 차 있습니다. 저는 개인적으로 지혜만 가지고 있으면 사막과 황무지에서도 살아남고 성공할 수 있다고 봅니다. 그런데 저의 책 "한국의 탈무드 1.2.3"권이 이런 지혜를 주는 지혜의 보고가 될 것입니다. 이 책엔 2권에서 다 말하지 못한 원리들과 지혜 예화들이 나오고 있습니다. 그러므로 이 책의 원리와 예화를 그대로 적용하시면 아마 100% 성공적인 삶을 살지 않을까 생각합니다. (가격 11,000원)

임재 기도의 힘, 생각만 해도 응답 받는다
이 책은 임재와 기름부음의 차이와, 어떻게 하면 성령의 임재 가운데 있을 수 있는지 아주 잘 설명하고 있고, 또한 어떻게 하면 생각만 해도 응답 받는지에 대하여 잘 설명하고 있습니다. 뿐만 아니라 방언에 대한 오해와 궁금한 모든 것을 아주 자세히 설명하고 있습니다. 이 책을 보시면 누구나 방언을 말하게 될 것이며 또한 '성령을 이해하면 당신도 환상과 예언을 할 수수 있다'라는 책은 이 책의 후속편이오니 참고해 주셨으면 합니다. (가격 11,000원)

성령을 이해하면 당신도 환상과 예언을 할 수 있다
이 책은 "임재 기도의 힘, 생각만 해도 응답 받는다"의 후편으로 성경에 나와 있는 9가지 은사를 어떻게 받으며, 은사를 사용하는지에 대하여 다루고 있습니다. 그 분 아니라 우리의 초미의 관심이 되는 환상에 대하여 자세히 다루고 있으며, 또한 예언하는 방법에 대하여 자세히 다루고 있습니다. 이 책을 읽으시고, 바로 이해만 하신다면 이제는 누구나 환상을 볼 수 있게 되고, 예언을 할 수 있게 될 것입니다. (가격 11,000원)

부자들의 이야기 그들은 이렇게 해서 부자가 되었다
이 책은 록펠러와 빌게이츠와, 샘 월튼과, 호텔왕 콘래드 힐튼과, 워렌 버펫과, 한국의 부자들이 실제로 어디에 어떻게 투자해서 부자가 되었는지 그들의 투자 노하우가 그대로 심층 분석되어 있습니다. 이 책을 보시고 이 책에서 제시하는 방법대로 투자하면 당신도 부자가 될 수 있을 것입니다. 다시 말해 실전 투자 방법들이 소개되고 있습니다. 사실 이 책과 "이젠 돈 걱정 끝과 한국의 탈무드1.2.3권은 한권의 책이라 봐야 할 것입니다. 그러므로 이 책을 보신 후 그 책들을 참고해 주셨으면 합니다. (가격 12.000원)

영적존재에 대한 이야기
이 책은 여섯 가지 영적 존재인 하나님과 천사와 사람과 마귀와 귀신과 미혹의 영에 대하여 아주 자세히 쓰고 있습니다. 이 책을 읽으시면 여섯 가지 영적 존재의 움직임을 자세히 알게 되어 가만있어도 여섯 가지 영적 존재가 어떻게 활동하는지를 알게 될 것입니다. 이 책을 한마디로 말하면 여섯 가지 영적 존재를 아는 필독 도서라 보면 될 것입니다. (가격 11,000원)

다가온 종말론
종말론에 대한 책들이 많이 있지만 이 책은 주님이 보시는 종말론을 기록하였습니다. 저는 감히 말씀 드립니다. 펠라지역을 모르면 종말론을 다시 해야 한다고 말입니다. 그 정도로 종말론에 있어 펠라지역은 중요합니다. 그런데 이 펠라 지역에 대한 정보가 바로 이 책에 기록되어 있습니다. (가격 11,000원)

성경 보는 눈을 열어주는 창세기
우리는 창세기하면 그저 신비로 생각하는데, 중요한 것은 우리가 성경을 아는데 있어 교두보의 역할을 하는 것이 바로 창세기라는 것입니다. 그러므로 우리가 창세기를 잘 알지 못하면 성경을 이해하는데 어려움을 겪게 되어 있는 것입니다. 왜냐하면 성경의 비밀이 창세기 안에 다 들어 있기 때문입니다.(가격 11,000원)

삼위일체와 예수
우리는 삼위일체 하면 굉장히 어려워합니다. 그러나 실제로 삼위일체는 신비가 아니라 아주 쉬운 부분에 해당합니다. 이 책에는 이 삼위일체의 비밀을 잘 설명하고 있으며, 우리가 믿는 예수님에 대한 신비를 이해하기 쉽게 기록하고 있습니다. 그러므로 삼위일체와 예수님에 대하여 알고 싶으시면 이 책을 꼭 보시길 바랍니다. (

가격 11,000원)

상상하며 기도 하면 100% 응답 받는다
이 책은 제가 지난 24년 동안 기도 응답에 대하여 연구하기 시작하면서 응답 받았던 부분을 종합해 본 결과 얻어낸 결론이며 또한 지난 7년 전부터 이 결론을 가지고 임상실험을 해 기도응답을 거의 100% 받은 비밀을 그대로 공개하고 있습니다. 그래서 이 책을 저는 기도응답의 결정판이라 말하고 싶습니다. 여러분들도 이 책에서 제시하는 방법대로만 기도하신다면 틀림없이 100% 받게 될 것입니다. (가격 6,000원)

주님을 눈물로 사랑하면 복들이 온다.
기도응답을 받기 위해서는 우리가 하나님이 사랑하시는 분을 사랑하면 되는데 그 첫째가 말씀이고 둘째는 예수님이십니다. 이 말씀과 예수님을 눈물로 사랑하면 돈을 비롯한 영혼이 잘되고, 범사가 잘되고, 강건한 복을 받게 됩니다. 그런데 이렇게 말씀을 눈물로 사랑하는 방법이 주어 3인칭을 주어 1인칭으로 바꾸면 되고, 주님을 사랑하되 사랑하는 증거를 가지고 있으면 됩니다. 자세한 내용은 이 책을 구입해서 읽어 주시길 바랍니다. (가격 6,000원)

다바르(이름대로 된다)
다바르라는 말은 말이 현실로 되는 창조적인 말을 의미하는 히브리어입니다. 우리나라 말에 '말에 씨가 있다'라는 말이 있는데, 이 말을 성경 식으로 표현하면 바로 다바르가 되는 것입니다. 어떤 사람은 뒤로 넘어져도 코가 깨지고 안 되지만 어떤 사람은 뒤로 넘어져도 일어날 때 돈을 줍고 성공하게 되는데, 이렇게 인생에서 실패와 성공을 좌우하는 이유가 바로 이름 때문입니다. 즉 다바르의 역사 때문입니다. 이 책을 읽어 보시면 이름의 중요성과 다바르의 중요성을 알게 되어 이제부터 성공적인 인생을 살게 될 것입니다. (가격 6,000원)

성경 보는 안경 1 (상)
우리가 성경을 가장 짧은 시간 내 독파할 수 있는 방법이 있는데 그것은 바로 성경의 용어를 잘 이해하는 것입니다. 저는 이 책을 조직신학 해석집이라 할 정도로 성경의 용어들을 읽기만 해도 쏙쏙 해석 될 수 있게 기록했습니다. 그러므로 한번 구입해서 상, 하권 두 권을 읽어 보시면 여러분들이 지금까지 궁금해 했던 성경에 대한 모든 답을 다 찾아낼 것이며 성경에 대한 궁금증이 다 사라질 것입니다. 상하권 두 권으로 되어 있으며 반드시 두 권 다 구입해 읽으셔야 합니다. (가격 11,000원)

성경 보는 안경 2 (하)
이 책은 성경 보는 안경이라는 1권(상) 책에서 다루지 못한 내용을 이어 쓴 2권(하) 책으로 역시 기존에 어렵기만 했던 성경 용어들을 쉽게 볼 수 있게 해석해 놓은 책입니다. 우리가 성경을 단기간에 돌파할 수 방법이 있는데 그것은 성경 용어를 잘 이해하면 됩니다. 그런데 이 책은 1권(상)에 이어 읽기만 해도 성경용어들이 잘 이해 될 수 있게 썼습니다. 한번 구입해 읽어보시면 성경이 쉽고, 재미있다는 것을 알게 될 것입니다.(가격 11,000원)

암과 아토피와 성인병은 더 이상 불치병은 아니다
서양의학의 아버지인 히포크라테스는 말하길 "면역은 최고의 의사이며, 최고의 치료법이다" 라고 했고, 유명한 약학 전문가인 "사무엘 왁스맨"은 "모든 질병을 고칠 수 있는 치료법은 이미 이 세상에 존재하고 있다"라고 말했습니다. 이 책에는 바로 이런 불치병을 치료할 수 있는 방법을 자세히 다루고 있습니다.(가격 11,000원)

약이 없는 병은 없다 1
제가 약초와 한국의 풀들을 연구하며 느낀 것은 세상에 약이 없는 병은 단 한건도 없다는 것이었으며, 또한 사람이 자연수명을 다하지 못하고 죽는 이유가 약이 없어 죽는 것이 아니라 약을 찾으려 하지 않고, 약을 찾았어도 그 찾은 약을 믿지 않고 쉽게 포기해 버려서 죽는 다는 것이었습니다. 이 책을 보시면 모든 병에 반드시 약이 있다는 것을 알게 되실 것입니다. (가격 4,000원)

약이 없는 병은 없다 2
만병통치약은 없어도 모든 병엔 다 약이 있습니다. 이 책에 있는 약초들이 여러분의 병을 치료할 것입니다. 이 책은 한국의 나무와 풀들인 약초에 대한 것이 2권이고, 이 책에서 다루지 못한 부분은 제 3권에서 다루도록 하겠습니다. 여러분들이 이 책을 읽어 보시면 진짜 약이 없는 병은 없다는 것을 알게 되실 것입니다. 제가 이 책을 쓴 이유는 우리 믿는 모든 성도들이 이 책을 읽으시고 120살 까지 건강하게 무병장

수 하셨으면 해서 쓰게 되었습니다.(가격 10,000원)

약이 없는 병은 없다 3
하나님이 주신 나무와 풀인 약초 안에 모든 병에 대한 약인 만병통치약이 있습니다. 이 책에 나와 있는 약초와 풀들이 당신의 병을 치료하는 만병통치약이 될 것이며, 우리가 약초에 대하여 잘 알면 진짜 약이 없는 병은 없다는 사실을 알게 될 것입니다. 저는 우리 성도들이 나무와 풀인 좋은 약초를 드시고 120살 까지 무병장수했으면 합니다. 이 책을 읽어 보시면 120살 까지 장수한다는 것이 결코 불가능한 일만은 아니라는 사실을 알게 될 것입니다.(가격 10,000원)

세포를 치료하면 모든 병(암)이 치료된다.
우리 몸의 구조는 물이라고 하는 피가 70%이고, 세포가 30%로 구성되어 있습니다. 그러므로 우리 몸에 문제가 생기면 물이라고 하는 피와 세포를 치료하면 자동적으로 병은 치료 되게 되어 있는 것입니다. 그런데 피에 관한 문제는 혈액순환에 관한 문제이며, 세포에 관한 문제는 8가지 당에 관한 문제입니다. 이 책은 바로 이 피와 세포를 어떻게 하면 정상으로 만들 수 있는지를 다루고 있습니다. (가격 4,000원)

구원과 성막
이스라엘 사람들이 아론을 중심으로 눈에(출32:4) 보이는 하나님을 믿기 원하는 것을 하나님은 아시고 하나님은 그들을 심판했지만 한편으로는 눈에 보이는 하나님을 믿고 싶어 하는 사람의 마음을 이해하셔서 하나님의 얼굴인 성막을 주셨는데 그분이 바로 예수님이십니다. 이 책엔 여러분들이 신앙생활하며 궁금해 했던 구원의 3단계와 성막에 대하여 쉬우면서도 심도 있게 다루고 있으니 구원의 확신이 없으신 분들이나 성막에 대하여 궁금 하셨던 분들이 보시면 신앙생활에 많은 도움이 될 것입니다. (가격 11,000원)

침례와 성경
저는 모든 성도들이 반드시 침례를 받아야 한다고 개인적으로 주장하는데 제가 왜 이렇게 강하게 주장하는지 그 이유가 이 책에 나옵니다. 또한 성경이 무엇이며 왜 우리가 성경을 믿어야 하며 또한 사장되어 있는 말씀을 어떻게 레마로 살려내야 하며 어떻게 해야 말씀을 굳게 잡아 말씀이 그대로 이루어지게 하는지 그 방법이 소개되고 있습니다. 그러므로 당신도 이 책에서 말씀 하는 대로 하면 말씀이 레마로 역사하는 것을 체험하게 될 것입니다.(가격 11,000원)

성경의 진수(1)
성경을 입체적으로 볼 때 성경이 한눈에 들어오게 되어있습니다. 그런데 성경을 입체적으로 보는 방법은 성경에 나와 있는 단어들을 바로 알면 됩니다. 그런데 이 책을 포함해「삼위일체와 예수」,「다가온 종말론」,「영적존재에 대한 이야기」,「성경 보는 눈을 열어주는 창세기」,「성경 보는 안경1(상).2(하)권」,「구원과 성막」,「침례와 성경」,「성경의 진수 1.2권」등 10권의 책을 읽어 보시면 당신도 바로 성경의 전문가 될 수 있을 것입니다. 왜냐하면 이 책들이 바로 성경을 입체적으로 기록해 놓았기 때문입니다. (가격 11,000원)

성경의 진수(2)
성경은 단어들의 연속으로 구성 되어 있습니다. 그래서 성경에 나와 있는 단어들만 완벽하게 이해하고 바로 알기만 하면 성경을 관주해서 볼 수 있게 되어 있습니다. 이 책은 이렇게 당신에게 성경에 나와 있는 용어들을 이해하는데 길잡이가 될 것이며 또한 이 책에 나와 있는 용어를 바로 알면 성경의 진수를 알게 될 것이며 성경을 통달하게 될 것입니다. (가격 11,000원)